LE
VOYAGE
ET
OBSERVATIONS
DE PLVSIEVRS CHOSES
DIVERSES QVI SE PEVVENT
remarquer en Italie.

TANT DE CE QVI EST NATVREL
aux hommes & au pays, comme des couſtumes
& façons ſoit pour le general, ou particulier:
& des choſes qui y ſont rares.
ENRICHI DE FIGVRES.
Par le Sieur AVDEBER Conſeiller
du Roy au Parlement de Bretagne.

DEVXIESME PARTIE.

A PARIS,
Chez GERVAIS CLOVZIER Marchand
Libraire au Palais ſur les degrés de la
Sainᶜte Chapelle, 1656.

AVEC PRIVILEGE DV ROY.

TABLE
DES PRINCIPALES
matieres, contenuës au voyage
& Obseruations d'Italie.

<pre>
DE la disposition des esprits,
    selon la diuersité des re-
    gions d'Italie,   7.
Le naturel de l'Italien,   8.
Sa conuersation,   Ibid.
La Ieunesse,   9.
L'inclination,   10.
Loy accommodée au naturel,   Ibid.
Don d'eloquence,   11.
Discours de l'Italien,   12.
Le vice de cette nation,   13.
Exemple de vengeance étrange,   14.
Autre exemple de grande vengeance,   15.
Profession de vengeance,   Ibid.
Espece de vengeance d'vne iniure plus le-
    gere,   18
</pre>

ã ij

TABLE.

Espece de vengeance contre vne femme, 19.
Autre sorte de vengeance plus douce contre vne femme, 20.
Prompte punition, 21.
Description de l'Italien, Ibid.
Fidelité en la reconciliation, 22.
Fidelité entre les amis, Ibid.
Le cœur noble & genereux, 23.
Le naturel contraire au larcin, Ibid.
L'humeur, 24.
L'assiduité, Ibid.
La Religion, 25.
Les Moynes & Religieux, Ibid.
De la sobrieté, & d'où elle prouient, Ibid.
De la nourriture des enfans, 26.
La coustume & vsage de plusieurs choses diuerses 27.
D'aller teste nuë, Ibid.
Des lauemens de teste, 28.
De la blonde à Venise. 29.
Du iour naturel, & du iour artificiel, non vsité, & de la difference de commencer le iour naturel, 30.
De l'horloge, & diuersité de conter les heures, 33.
Du langage Italien, & comme chacun est appellé par son nom propre, 34.

TABLE.

De la coustume de parler à Naples selon les Latins,	35.
De la situation des Eglises,	36.
Des Images,	Ibid.
Du temps de chanter Messe,	37.
La fin & issuë de la Messe,	Ibid.
Quand ou lict l'Euangile en Piemont,	38.
De la longue barbe des Prestres & Religieux.	Ibid.
Vn seul baptistere en chacune ville,	39.
Des Parains & Maraines,	Ibid.
La nouriture des filles iusques à tant qu'on les marie,	Ibid.
Des Religions des filles,	40.
Mariage conclud & arresté, premier que les parties se voient,	41.
Fille nourrie chez son pere,	42.
Du baiser,	Ibid.
De la ceremonie du mariage,	43.
Des Nopces,	Ibid.
Consommation du mariage auant la ceremonie.	44.
Des Concubines & Mariages à volonté,	Ibid.
De la femme de mauuais gouuernement,	45.
Des Batards.	46.
Des enterremens & de ce qui en depend,	47.
Des Sepulchres,	Ibid.

TABLE.

Du Conuoy,	48.
Distinction du Conuoy des non mariez,	49.
Vœu durant la vie,	Ibid.
Vœu apres la mort,	50.
Superstition,	Ibid.
Souuenance aux enfans de la mort de leurs pere ou mere,	Ibid.
Oraison funebre,	51.
Coustume de l'Isle de Corsegue,	52.
De la demeure des Gentils-hommes,	53.
Nuls Chasteaux ny maisons fortes,	Ibid.
De la forme des bastimens,	56.
Des voustes sous-terre,	57.
Des Portiques & des Ruës,	58.
Moyen de maintenir & accroistre les maisons & familles, par l'ordre qui y est, s'appliquant chacun à diuerse vacation,	59.
Du chef d'hostel & de famille,	60.
De celuy qui est d'Eglise,	Ibid.
De celuy qui suit les Armes,	61.
De celuy qui est dedié pour les affaires de la maison,	62.
Des bannis,	63.
Edict contre les bannis,	Ibid.
Recherche sur l'Edict,	67.
Comportement des bannis enuers ceux qu'ils rencontrent,	Ibid.

Nuls

TABLE.

Nuls voleurs par l'Italie, 68.
Des supplices, 69.
Des peines afflictiues, & que veut dire vn Poulet, 71.
Si on met la main à l'épée, 72.
Du démentir, & de la qualité des parties, 73.
Du démentir en Piemont, Ibid.
Maxime de l'Italien pour la preuoyance du mal, 74.
Des armes permises ou deffenduës, 75.
La dague n'est permise en aucun lieu sinon à Ferrare, 76.
De la permission de porter l'épée, 77.
A Milan on ne peut porter épée que de certaine longueur, Ibid.
A Gennes nul ne porte épée, 78.
En l'Eglise S. Marc de Venise, nul n'entre auec l'épée, Ibid.
Des Iuges & de la Iustice ordinaire, Ibid.
Du Témoignage des femmes, 79.
Des vestemens des hommes, 80.
Des vestemens des femmes, Ibid.
De la soye & des vers qui la font, 81.
Des habits des hommes à Venise, 82.
Habits des femmes à Venise, 84.
Habits des femmes à Lunebourg, 87.
Des Toques & bonnets carrés, ibid.

TABLE,

Du visage des femmes découuert. 88.
Des femmes & filles allans par la ville, ibi.
Du salut & reuerence que font les femmes, 89.
De la salutation entre les hommes, ibid.
De la salutation à Venise, 90.
Du lieu plus honorable allant en compagnie par la ville, ibid.
Coustume de se faire porter en chaire par la ville de Naples, 91.
De la coustume d'aller par eau en gondole par toute la ville de Venise, 93.
Des Gondoles de Venise, ibid.
Du signal pour appeller, parler, ou dire iniure par signe, 94.
Du jeu de la paume & du ballon, 95.
De la façon de viure & traictement de l'Italien, 96.
De la salade, ibid.
Du Pain, 97.
De la coustume de mettre sur table le vin, l'eau, & les verres, 98.
De presenter la viande à table, ibid.
De presenter du sel, 99.
Remarques de quelques differences particulieres entre les Guelfes & Gibellins. 101.
Des cuilliers, cousteaux, & fourchettes, 102.

TABLE.

De l'entameure du Pain, 103.
Du couper de l'orange, de la pomme & de la poire, ibid.
Du panache au bonnet, ibid.
Du bouquet que porte la femme, 104.
La Bianca, 105.
Argent public dedié pour préter aux escoliers & aux pauures, 107.
Argent public d'estiné pour marier des filles, 109.
Du dot que le Pape donne tous les ans à cent pauures filles, 112.
Des enfans trouuez, 113.
Du Siege vacant à Rome, 115.
De l'estat de la ville de Rome durant le siege vacant, 117.
Des gageures qui se font en Banque sur la creation du nouueau Pape, & sur la promotion des Cardinaux, 119.
De l'Eglise & Religion des Grecs, 120.
Des Iuifs & de leurs Eglises, 121.
Des Demoniaques, 128.
Des Poids & mesures, 131.
Des poids de diuerses Citez & Prouinces, 132.
Des mesures & aunages, 133.
Des fruits qui se vendent au poids, 134.

TABLE.

La chair de boucherie ne se vend qu'au poids, ibid.
Visitation pour l'execution de la Police, 135.
Belle police du marché de Florence, ibid.
De la vendange, 136.
Des tonneaux & autres vaisseaux à vin, 137
Du naturel du vin & de sa longue garde, ibidem.
De la diuersité des vins, 138.
Du vin sophistiqué, 140.
Du vin que l'on veut estre de garde, ibid.
De la moisson de l'Aoust, 141.
De la façon de battre le bled, 142.
De la garde & conseruation du bled, 143.
Des Auoines & foins, 144.
Des choses remarquables qui defaillent, ou sont rares en Italie, 145.
De l'ardoise & des verrieres, ibid.
De la forme des verrieres, 147.
De la rareté de l'estain, & excellence de la vaisselle de terre, ibid.
Des Moulins à vent, 148.
Des Patissiers, 149.
Des Alouettes, ibid.
Des Bec-figues, 150.
Des Cailles & la façon de les prendre, ibid.
Des beures, huiles & fromages, ibid.

TABLE.

De l'vsage d'huyle, & deffenses du beure le Caresme,	153.
Des Buffles,	ibid.
Des Arbres & fruicts,	157.
Des cerises & de leur diuersité,	158.
Des Carrouges,	161.
Du Raisin nommé Vua Iugliatica,	165.
Du Raisin appellé Vua pergolana,	ibid.
Des Pistaches.	166.
Du figuier d'Inde,	170.
Du nombril de Venus,	175.
Des Capprier,	177.
D'vne espece de petites pommes que l'on seme tous les ans,	178.
Des Anguries,	179.
Des Cannes de succre,	181.
Du Rys,	183.
Du Guesde, autrement appellé Pastel,	ibid.
Du bled Sarrazin,	185.
De la Campagne & terre de Labeur,	185.
Du Palmier,	191.
Des Orengers, Citroniers, Limons, Ponciles, Cedrins, & Grenadiers.	205.
Des Oliuiers & du moyen de faire l'huile,	266.
Du liege,	208.

TABLE.

Des noix de galle, & des arbres qui les por-
tent, 213.
Du Scotano, ou Roſſo, 217.
Du Sené, 217.
Du Cotton, 222.
De l'herbe Sardonique, 224.
Du Plantane, Sicomore, Styrax, Iuiubier.
   Lentiſque, du Myrte, de l'If, & du
   Cheſne verd. 228.
Des Mineraux, 231.
   Du Vitriol, autrement appellé Couperoſe.
   232.
La maniere de faire le vitriol artificiel,
   233.
La maniere de faire l'Alum de roche, ibid.
De l'Alum de Plume, 239.
Du Souffre, 245.
De la maniere de faire le ſouffre qui ſe tire
   & épure par le feu, 247.
Des Montagnes & grande eſtenduë de pays
   tout en feu, & des effets qui en prouien-
   nent, 248.
De la fumée de ſouffre, 259.
De la ſuye de ſouffre, 251
Des bains chauds, 253.
Des Sources froides & des temperées, 255.

TABLE

Des *fanges, des bains,* ibid.
Des *estuues seches,* 257.
De *la pierre ponce,* Ibid.
De *la Litarge,* 260.
Des *callous dont fait le crystallin de Moran, appellé crystal de Venise.* 261.
De *la piere d'Ayman autrement appellée Calamite.* 262.
De *l'Ayman blanc,* 269.
Du *bol Armenic,* Ibid.
De *la terre de Pozzolo,* 270.
Du *sel mineral,* 272.
Du *Petrolio,* 273.
Du *Bitume & Pissasphalte,* 275.
De *la Maumie, & comment elle se fait,* 180.
De *la Poix, & comment & dequoy elle se fait* 292.
Du *Coral,* 296.
Des *Esponges,* 298.
De *la diuersité des effets d'vne mesme chose selon le changement des lieux ou pays & de quelques animaux particuliers à certaines regions, dont les venins sont merueilleux, & les remedes admirables,* 303.

TABLE.

De la Goistre, 304.
D'une espece de moucherons qui volent sur le soir en multitude, & paroissent tous en feu, 306.
Des mouches appellées Sensales ou Cousins, 307.
Du Scorpion, 310.
De la Tarentule, 317.
Du Lezard appellé Tarentola & du Stellion, 327.
Du Cheual marin appellé Caualotte, 329.
De la Manne. 331.

LES
VOYAGES
ET
OBSERVATIONS
DE PLVSIEVRS CHOSES
diuerses qui se peuuent remarquer
en Italie:

Tant de ce qui est naturel aux hommes
& au pays, comme des coustumes &
façons, soit pour le general, ou par-
ticulier: Et des choses qui y sont ra-
res, ou y defaillent.

C'EST chose certaine, & dont l'experience nous fait foy, que nature a doüé chacun pais, ou priué de quelque chose particuliere & remarquable, comme dispersant ses graces diuersement, & recompensant par autre moyen le defaut qui

A

semble estre en vn lieu : Et des choses qui sont communes par tout, encores elle y a mis quelque difference selon la diuersité des païs ; laquelle a tant de force que les hommes mesmes se trouuent differer non seulement de corps ; mais aussi d'esprit selon les regions où ils naissent, & la temperature de l'air où ils sont nourris. Ce qui se peut obseruer, prouenir principalement de l'éleuation ou éloignement des Poles, attendu que la difference ne se remarque point telle en vne grande estenduë & longueur de diuers païs, si on considere la distance s'éloignant de l'Orient en l'Occident selon les paraleles du Ciel, comme en peu d'espace, elle se connoist manifestement, si l'éloignement se fait par les degrez du Midy au Septentrion.

Pour preuue de cela, nous considerons seulement trois Nations voisines, sçauoir l'Allemand, le François, & l'Espagnol. Quant au premier, nous voyons les Allemans pour la plus part estre grands de corps & stature, charnus, & bien fournis, pleins en visage, blancs, & meslez de couleur vermeille, l'œil

d'Italie, &c.

ver bleu, & luisant, le poil blond, estendu & yue. Quant à l'esprit & naturel, ils sont lents, grossiers, mais ioüiaux, patiens & assidus au trauail, & sur toute autre Nation ingenieux aux mechaniques, & ouurages de main: de sorte que l'on peut dire d'eux qu'ils ont l'esprit au bout des doigts. Au reste pour le regard des mœurs, ils sont doux & affables, & comme moins ciuils, sont de prime abbord vn peu rudes & estranges, mais à la conuersation se trouuent fort courtois, humains & debonnaires: sans presomption ny affectation de paroistre par dessus les autres, ce qui les rend bien voulus de toutes les Nations; ioint qu'ils sont liberaux, somptueux & magnifiques: gens fideles, de bonne amitié, faisans volontiers plaisir, & qui sur toutes autres Nations ayment à faire bonne chere.

Au contraire les Espagnols sont pour l'ordinaire plus petits & bas de stature, secs & attentiez, le visage havre, noir, & la plus part bazanez, l'œil brun & morne, le poil noir, herissé & aduste. Quant à l'esprit & naturel, ils sont prompts & subtils, mais saturniens & melancoliques, ce neantmoins peu adonnez ny entendus aux inuentions subtiles qui dependent des mechaniques & ouurages de main. Au surplus, pour venir aux mœurs ils sont fiers & arrogans, & dissimulans leur naturel, ont l'entrée fort douce & humble, mais s'estans insinuez peu à peu, se monstrent tels qu'ils sont, c'est à dire, imperieux, insupportables, & de tres-mauuaise nature, n'estimant que personne les vaille, pour la grande presomption qui est en eux, laquelle les rend odieux à toutes les autres nations : Aussi qu'ils sont fort auares, taquins, & maranes, sans loyauté ny amitié, n'estans nais que pour eux seulement : voire sont si rigoureux à eux-mesmes, qu'ils vsent d'vne frugalité plus grande que nature ne requiert, & à peine peut porter.

Les François comme moyens entre ces deux extremitez, attaignent de plus pres la perfection, & neantmoins participent plus ou moins des humeurs d'vne ou d'autre nation, selon qu'ils en sont plus proches ou éloignez : De sorte que dedans la France mesme on peut reconnoistre à peu pres ceste difference, considérant l'esprit & naturel du Bourguignon & Lorrain, l'vn estant plus grossier, massif, & lourdaut; l'autre gentil, subtil & delicat: mais le Prouençal, qui est beaucoup moins Septentrional que l'vn, & vn peu moins Meridional que l'autre, se ressentant de la mediocrité, comme moyen entre ces deux, se monstre plus vif, & éueillé que l'vn; mais plus auisé, & moderé que l'autre.

Si donc apres cela nous regardons la longitude des paraleles, l'Italie se trouue en plusieurs lieux en mesme degré que la Prouence, sinon qu'elle est plus Orientale, ce qui peut aussi auoir quelque force: car il faut que nous reconnoissions que l'Italien a l'esprit si desequé, & bien composé, qu'il surpasse en plusieurs choses toutes les autres nations; si nous ne voulons excepter la Grece, laquelle porte des esprits si beaux & si bien espurez, que s'ils estoient exercez nous luy pourrions iustement donner le premier lieu, comme elle a eu anciennement; mesmes au iugement des Romains, qui durant le siecle plus florissant pour les lettres, tenoit la Grece pour Escole, en tiroit les sciences, & n'estimoit aucun en reputation qui n'y auoit passé quelques années.

La preuue de ce que dessus est mesme fort claire, & considerable sur les cheuaux que l'on sçait naistre en Allemagne, propres pour estre malliers, estans grands, gros, forts, lourds, chargez d'encouleure, tardifs & pesans: mais de durée au trauail, & à la peine, pourueu qu'ils fassent seulement les traittes ordinaires sans trop attendre la repuë. Au contraire ceux d'Espagne sont Genests de taille legere, auallez, déchargez, & desechez, agiles de corps, prompts à l'esperon, vistes à la course, propres à vne longue traite sans débrider ny repaistre quand il est besoin de sauuer son maistre, & le tirer de la presse, mais peu durables au trauail. Quant aux cheuaux François, ils sont métifs entre l'vn & l'autre; mais ceux d'Italie les surpassent, estans plus genereux, maniables, & faciles à dresser, comme aussi les cheuaux Turcs ont d'autres choses qui les rendent recommandables en leur genre.

De la disposition des esprits, selon la diuersité des regions d'Italie.

OR pour venir à l'Italie, qui est nostre principal sujet, on peut y remarquer la mesme chose que dessus: car encores que ce soit vn païs fort estroit & long, separé en deux par les montagnes de l'Apenin qui regnent d'vn bout à autre, trauersant toute la longueur, ce neantmoins on voit que ceux qui tiennent le costé qui regarde le Septentrion, comme les Piedmontois, Lombards, Venitiens & Romagnols participent dauantage de l'humeur Françoise; Au contraire passé l'Apenin, les Genois, Lucquois, Florentins, & tous ceux de la Toscane, les Romains, Neapolitains, Calabrois, & tous ceux de la coste qui regarde le Midy tiennent dauantage de l'Espagnol, ou plustost du Prouençal, ayans l'esprit plus delié & affiné que les autres. Mais d'autant que la longueur de l'Italie ne tire droictement au Leuant, ains tourne vn peu & biaise vers le Midy, à ceste occasion les Florentins, & ceux d'Arrezzo, comme estans nays au lieu le plus temperé, sont remarquez pour estre les plus gentils esprits d'Italie.

Le naturel de l'Italien.

POur le general, l'Italien est extréme en ses mœurs, de sorte qu'il est du tout homme de bien, ou du tout méchant: Et s'il s'adonné à mal, son bon esprit luy sert tellement à couurir son vice, qu'il est malaisé de le connoistre sinon par vne longue frequentation, & ayant eu affaire auec luy : mais s'il s'adonne à bien, il se sert fort de la connoissance du mal pour s'en donner garde; qui fait qu'il paroist fin, ou plustost fort aduisé en ses affaires.

Sa conuersation.

QVant à sa côuersation, elle est douce & agreable, & n'y a nation plus compatible, ce qui prouient principalement d'vn respect & honneur qu'ils se portent les vns aux autres, lequel en propos

propos familiers & de gausseries les retiennent tellement, que malaisement ils passent les bornes pour entrer en champ de dispute, d'où sortent le plus souuent les querelles entre plusieurs des autres nations: ce qui leur est si naturel que mesmes entre les Escolliers des Vniuersitez, demeurans ensemble, i'ay obserué (contre l'ordinaire des autres nations) que la trop grande familiarité & priuauté qui a de coustume d'apporter quelque mespris n'efface point le respect qu'ils se portent, se saluant honnestement le matin à la premiere veuë, & à toutes les fois qu'ils entrent & sortent de la maison, ou qu'ils se rencontrent par la ville.

La Jeunesse.

NEantmoins comme ils ont l'esprit gentil & delicat, aussi leur jeuness est fort sujecte à débauche, & malaisée à retenir; & comme vn vin nouueau qui iette grande quantité de fumée, monstre qu'il y a du feu d'où elle procede, qui laisse à iuger qu'auec le temps ce doit estre vn grand & excel-

B

lent vin, ou comme le poulin plus farouche deuient le plus braue & courageux cheual, aussi l'aage ayant apporté plus d'attrempance, on void beaucoup de sagesse & discretion en eux.

L'inclination.

Dauantage ils sont naturellement si libres qu'il n'y a rien tant contraire à leurs esprits que la seruitude, de façon que l'on peut iuger qu'ils sont nays pour commander, & non pour obeïr, leur estant chose insuportable, que le joug d'autruy, qui est cause que les Seigneurs & Potentats d'Italie se gardent fort de leurs sujets, connoissant le naturel des esprits du païs, qui ne tend à rien dauantage qu'à la liberté, à laquelle ils aspirent tousiours.

Loy accommodée au naturel.

Ceste liberté reconneuë estre naturelle en eux plus qu'en toute autre nation, a donné sujet à la Loy du païs, qui est commune presque par toute

d'Italie, &c.

d'Italie, par laquelle il n'est permis à vn Maistre de battre son seruiteur, quelque mal qu'il ait fait, ains seulement le tanser, le chasser, ou le mettre en Iustice, si sa faute merite punition: car autrement le seruiteur peut se retirer, & faire appeller son Maistre deuant le Iuge, contre lequel il s'estoit esleué, & il est excusable monstrant que ce soit à son corps deffendant.

Don d'Eloquence.

L'Italien a aussi d'excellent & remarquable en luy, vn beau don de nature qui est l'Eloquence, & non seulement la facondité pour bien dire, mais aussi pour discourir dignement, & sur le champ de toute matiere qui se propose: de sorte que parmy le simple peuple, & mesmes aux femmes on reconnoist le naturel en la suite de leurs discours, ce que l'artifice de Rhetorique pourroit apprendre à d'autres auec peine. Et comme ils ne veulent estre interrompus pour ne perdre le fil de leur discours, aussi ont ils ceste discretion de

B ij

jamais n'interrompre celuy qui parle, ains écouter patiemment iusques à la fin, pour (s'il est besoin) respondre particulierement à tout en son ordre : & tiennent pour grande indiscretion l'interruption qui est frequente aux autres nations où tous parlent ensemble, & confusement : ce qu'ils attribuent principalement aux François. Mais si en leurs discours ils s'égarent, où font vne parantese de trop longue halaine, sortant ou s'éloignant par trop de leur proposition, ils se sçauent bien garder de se laisser transporter, ou couler si auant hors de leur matiere, qu'il semble plustost vn Coqa-l'Asne qu'vn discours : & lors ont de coustume trancher tout court vsant de ces mots qui leur sont ordinaires : *Et cosi va discorrendo : Ma per tornar à proposito*, &c. Et ainsi ayant couppé le fil de ce qui est extrauagant, ils se remettent tout à coup au train d'où ils estoient sortis.

Discours de l'Italien.

Outre cela leurs esprits penetrent encores plus auant, car non seulement les hommes de qualité, & qui ont le maniment des choses d'importance, & affaires publiques ; mais aussi parmy le menu peuple y en a vne infinité qui sont curieux de sçauoir & entendre tout ce qui se passe tant par toute l'Italie que dehors aux païs Estrangers, & sur ce ils se plaisent à discourir des affaires d'Estat, à quoy ils s'adonnent naturellement, & y apportent vn si grand iugement qu'il y a plaisir à les ouyr.

Le vice de cette Nation.

ENtre les vices qui sont en ceste Nation, vn des plus grands que l'on remarque luy estre naturel, c'est que l'Italien est fort vindicatif, froid en sa colere, & garde longuement l'offense sur son cœur, & cependant dissimule, & cache son appetit de vengeance, laquelle ne tend moins qu'à la mort de celuy à qui il veut du mal, soit par empoisonnemens, assassinats, ou autrement : car il n'y a rien qu'il ne tente. Et pour paruenir à son intention, fait quelques fois des entreprises hautes, & resolutions

estranges, & recherchées, dont ie mettray icy vn exemple, duquel on voit encores aujourd'huy les marques.

Exemple de vengeance estrange.

A Bologne se trouuerent deux Gen-
tilshommes de la ville, qui eurent
querelle ensemble, pour laquelle l'vn
d'eux fut assassiné: le defunct ayant
laissé quelque petits enfans, l'vn d'i-
ceux venant en aage, & sçachant comment, & par qui son pere auoit esté
tué, se propose en faire quelque iour la
vengeance: estant donc paruenu à vn
aage competant il execute son dessein.
Aduient longues années apres, que pareil assassinat est commis en sa personne par les enfans du dernier mort, lesquels ayaut tué le premier & principal
de la famille pensoient auoir tout fait;
mais de là se rengregea le mal, & augmē-
ta la haine mortelle entre ces deux maisons qui auoient multiplié en enfans,
lesquels de pere en fils auoient succedé
à cét appetit de vengeance de la mort
de leur ancestre: toutesfois la force &

d'Italie, &c.

authorité d'vn party estant inégale, le plus foible ceda pour vn temps. Et pour plus grande seureté quitta la ville: mais apres plusieurs années retourna habiter à Boulogne. La querelle estoit comme assopie, il monstre n'auoir aucune volonté de se ressentir du passé, ioint qu'il se voyoit trop foible, & que quand il auroit fait vn coup il y auoit grand nombre de parens de l'autre part à qui il eust eu affaire; de sorte qu'il n'eust iamais peu eschaper de leurs mains, & eust laissé à ses enfans de la semence de trouble & discord, & pourtât afin d'éuiter tous ces dangers, & neantmoins paruenir à son but, il dissimule long-temps sa mauuaise volonté; mais en fin pour le mettre à execution il prend occasion d'vne nopce qui se deuoit faire d'vn des plus grands de la maison, à laquelle il sçauoit que se trouueroit toute la parenté.

Quelque temps auant il loüe par personne interposée vn logis prochain de celuy où se deuoit faire le festin, & y fait porter secrettement tous les preparatifs pour l'execution de sa deliberation. Le iour du festin venu, toute la parenté estât assemblée, & seant à table à l'heure du souper, il fait jouer vne mine de long-temps practiquée sous la caue du logis où estoit l'assemblée, la maison saute en l'air, & ne demeura vn seul en vie : mais lors que le feu print par le moyen d'vne mêche auec laquelle il auoit mesuré le temps qu'elle feroit son effet, il estoit ja loin hors la ville, & ainsi se sauua sans pouuoir depuis estre apprehendé. Et cependant son procez luy fut fait & parfait par coustumace. Et pour le malheureux acte aduenu en cette maison, fut ordonné que la place comme malheureuse demeureroit pour memoire perpetuelle en l'estat de sa ruine, sans que nul y peust rebastir à l'aduenir. Ce qui aduint y a bien vingt ans, & encores aujourd'huy ladite place & masure se void au milieu de la ruë de Galiere à main droicte allant à la porte de Ferrare, & y sont demeurées en pied de hautes murailles, & tous les pilliers du portique.

Autre

Autre exemple de grande vengeance.

L'Instinct naturel de vengeance est tellement au cœur de ceste nation, que plusieurs meres vefues ne craignans d'exposer la vie de leurs enfans au danger, & preferans leur appetit de vengeance au salut & conseruation de ce qu'elles doiuent auoir le plus cher au monde, gardent secrettement la chemise de leur mary qui auroit esté tué: puis ses enfans estans venus en aâge, elle la monstre toute sanglante à celuy qui mieux peut vanger la mort du pere, afin de l'exciter dauantage à ce faire.

Profession de vengeance.

ON en voit aussi qui ouuertement portent vn signal de vengeance, laissant croistre vn ongle de la main, ou bien quelques poils s'ils veulent cacher leur intention, protestant de ne les rongner ne couper qu'ils n'ayent vengé l'injure qu'ils pretendent leur auoir esté faicte: de sorte qu'il y en a qui portent vn ongle tant long qu'il peut croiſtre, & quand il eſt fort long, le conſeruent ſoigneuſement qu'il ne rompe ou fende par meſgarde, ce qu'ils prendroient à mauuais preſage de leur deſſein. Mais ce ſeroit leur faire tort, & comme renouueller leur mal, de leur demander l'occaſion pour laquelle ils laiſſent croiſtre vn ongle ſi grand : ce que toutesfois ils ne prennent à mal d'vn eſtranger qui ignore les façons du païs.

Eſpece de vengeance d'vne injure plus legere.

ET ſi leur querelle eſt plus legere, pour vengeance de laquelle ils ne recherchent la vie de leur ennemy; la couſtume n'eſt gueres de battre, ſinon quand il y a grande inégalité entr'eux pour la qualité : car en ce cas ſe ſentans offenſez d'vn homme de baſſe condition, ils le font baſtonner à quelque ſoir qu'il eſt guetté par la ruë : mais s'il eſt quelque choſe dauantage, ils vſent d'vn autre moyen, prenant vn baſton de quatre doigts dedans, & au milieu duquel ils font entrer à force iufques à la moitié, vne piece de monnoye, comme vn douzain, puis aiguifent ce qui fort dehors, & tenant cela en leur main guettent à vn foir celuy à qui ils en veulent, & le luy pafent à trauers le vifage, l'ayant premierement faifi au collet: ce qui a tant de force que la peau du front, le cartilage du nez, & toute la joüe font entierement couppez; & eft cefte façon appellée *Frizer*: & s'ils veulent rendre la playe plus difforme, & malaifée à guerir, ils rendent le tranchant finueux, d'où il femble que le mot de *Frizza* foit venu.

Efpece de vengeance contre vne femme.

Ais s'ils fe veulent venger d'vne femme de baffe condition, comme quelque maquerelle (qui en fin eft leur falaire ordinaire) ils la frizent de cefte mefme façon, finon que pour luy diffamer dauantage le vifage, ils tiennent en la main au tour du bafton vne efponge pleine d'ancre, laquelle fe refpand dedans la playe faifant l'execu-

tion, dont il demeure à iamais vne rē-
marque de diuerses couleurs, iaunes,
verdes & noires, outre la ride de la ci-
catrice.

*Autre sorte de vengeance plus douce
contre vne femme.*

S'Ils veulent y proceder plus doucement, vers quelque jeune courtisa-
ne ou autre femme qui ait mauuais renom, ils prennent seulement vne bouteille de verre, en laquelle ils mettent de
l'ancre, de l'vrine, & quelques fois d'autres eaux ou drogues meslées, & la rencontrant au milieu d'vne ruë ils luy rompent de force sur le front ceste bouteille,
la pressant fort auec la main, de sorte
que le verre cassé découpe toute la peau,
& apres ne peuuent si bien lauer la place, que le front ne demeure tout marte-
lé, & meslé de petites places de couleurs noires, bluastres, iaunastres, &
verdoyantes: ce qui n'est que pour leur
oster la beauté du visage & quelquesfois
le hazard tombe sur vne iouë, mais cela s'imprime malaisement aupres du front
où y a plus de resistance.

Prompte punition.

SI ceux qui auront commis vn tel acte sont descouuerts & apprehendez, & que ce soit vne femme publique, on couppe le poing dés l'heure-mesme, ou demy-heure aprés à celuy qui a fait le coup; mais si la femme n'est publique, on ne recherche point dauantage si elle a mauuais renom, de sorte que dedans le iour mesme ou dés le lendemain, tel acte est puny de mort.

Discretion de l'Italien.

ILs ont cela de bon en eux qu'ils ne s'offensent pas legerement, au contraire ils supportent les vns des autres tout ce qui se peut, & n'entrent en differend qu'auec beaucoup d'occasion: & aussi de leur part se gardent fort de faire ou dire chose qui offense personne, imitant en cela la mouche à miel, qui ne picque point si elle n'est offensée & pressée; de sorte que ne commençant point la noise, il est aisé de viure auec eux, & se trouue leur frequentation fort douce & agreable.

Fidelité en la reconciliation.

AV reste quand ils ont quelque querelle, & qu'ils viennent à en accorder, & se donner la foy, ils sont fort fideles apres la reconciliation, & neantmoins se gardent tousiours, & redoutent l'vn l'autre, suiuant leur prouerbe qui porte, qu'il ne se faut fier en l'amy reconcilié.

Fidelité entre les amis.

ET comme ils sont extrémes en leurs actions, & leurs haines sont mortelles, & leurs rancunes immortelles; aussi leur amitié est fort grande & bien asseurée, & s'ils ont quelque trafic ensemble, ils gardent toute la fidelité qui se peut desirer en vne société.

Le cœur noble & genereux.

L'Italien sur toute nation a le cœur noble & genereux: cela se connoist principalement en ce qu'il est plustost nay pour commander que pour obeir: mais outre cela combien que de son naturel il soit auare, neantmoins il est fort magnifique & splendide en ce qu'il fait pour paroistre, & monstre en toutes ses actions auoir fort l'honneur en recommendation; & pour bien dire, ce que lon appelle auarice en eux, est plustost vne épargne & ménage de ce qu'il a, qui ne luy font point oublier ce qui est de l'honneur & bien-seance.

Le naturel contraire au larcin.

DAuantage pour mieux monstrer leur generosité & vertu, il faut considerer que combien qu'ils ayment à amasser, & ne laissent rien derriere de ce qui peut seruir à les accroistre, & faire leur profit; si est-ce qu'ils ne sont aucunemét larrons, encores que la pauureté les y induisist : car ils iugent en leur cœur le larcin estre chose si lasche & abjecte, que leur naturel qui a quelque chose de plus noble, y repugne & le rejette de soy-mesme, comme chose contraire & indigne d'eux.

L'humeur.

L'Italien est fort melancholique, comme sont ordinairement les hommes d'entendement, & neantmoins est fort recreatif & facetieux quand il est en compagnie, & y apporte ordinairement vn visage gay & honneste accueil à tous.

L'assiduité.

IL est bien patient & assidu à ce qu'il entreprend, & quand il suit vne vacation il s'y adonne entierement, ne taschant que d'attaindre la perfection sans distraire son esprit & l'occuper à choses diuerses.

De là vient que l'Italie a des hommes rares en tous estats & professions, & se

mocque

mocque du François qui est curieux de sçauoir de tout vn peu, & en fin n'y a rien qu'il puisse dire bien sçauoir: mais se contente seulement pour loüange d'acquerir la reputation d'estre homme bien meslé.

La Religion.

Quant à la Religion, la plus part d'eux sont fort deuotieux & ceremonieux, & principalement en apparence, hors mis à Rome & à Venize qu'ils le sont moins qu'aux autres lieux.

Les Moynes & Religieux.

Tous les Moynes d'Italie, & mesmement ceux des quatre Ordres sont peu Religieux, au regard de ceux de France, & vne partie d'eux fort desbordez pour la grande liberté qu'ils ont.

De la sobrieté, & d'où elle prouient.

Ceste nation est estimée fort sobre & frugale; mais cela ne prouient

point (comme plusieurs le pensent & s'a-
busent) du naturel des hommes, ains
du païs, lequel est si chaud, qu'il ne permet vser de tant de viandes ausquelles l'e-
stomac ne pourroit suffire pour la digestion par les raisons naturelles ; & pourtant ils vsent l'Esté pour leur nourriture d'vne grande quantité de fruicts, &
herbages & moins de chairs & autres
viandes. Et pour monstrer qu'il ne
faut attribuer cela qu'à l'air du païs,
nous voyons qu'estant en France ils viuent comme nous; & nous comme eux
quand nous sommes en Italie : car autrement nous ne pourrions durer sans y
estre malades, chargeant par trop l'estomac.

De la nourriture des enfans.

Pour ceste occasion ils ne nourrissent
les enfans de bouillie de farine à la
façon de France, mais seulement de
pain fort long-temps bouilly en l'eau,
dont ils font vne panade claire, aucuns
n'y mettent autre sel, que ce qui est dedans le pain, & les autres y en mettent

d'Italie, &c. 27

auec vn peu de beurre.

La legere nourriture que l'on donne aux enfans, estans à raison de la temperature de l'air, & non par coustume, qui se doiue tirer pour exemple aux autres païs plus froids: nous ferons icy distinction de ce qui est du naturel ou de coustume.

※※※※※※※※※※

LA COVSTVME ET VSAGE DE plusieurs choses diuerses.

D'aller teste nuë.

QVAND les enfans ont deux ou trois ans on les fait aller nuë teste, afin de leur endurcir le tais, & affermir le cerueau, & que par ceste accoustumance ils soyent moins sujets aux rheumes, & ca-

D ij

tharres, de sorte que par ce moyen ils ne craignent point le serain : & les hommes obseruent d'auoir la teste legerement couuerte, n'ayant la plus part quand ils sont en la maison, qu'vn simple bonnet de taffetas de la façon d'vn bonnet de nuict, fait à carres en pointe : ou bien l'Esté vne coëffe de toile déliée : & par la ville ont des tocques de velours ou taffetas, comme il sera dit cy-apres.

Quant aux femmes elles vont presque toute nuë teste, coëffées de rubans qui tiennent leurs cheueux : sinon celles qui sont bien agées, lesquelles portent pardessus leurs cheueux vne petite coiffe de crespe blanc : mais quand elles vont par la ville, elles ont en la plus part des villes d'Italie des voiles sur leurs testes, lesquels sont de cambray blanc, & aucuns de raiseul, ou de crespe noir à Venize.

Des lauemens de teste.

LA coustume est par toute l'Italie, tant pour les hommes que pour les femmes, d'vser souuent de lauemens de teste, mesmement les hommes, à toutes les fois qu'ils font faire leurs cheueux: qui est chose contraire à nostre coustume de France, laquelle est suiuant la maxime des Medecins, le cerueau n'estant que trop humide de soy-mesme, lequel à ceste occasion ils veulēt estre conserué tenant tousiours la teste seche, mais non chaude.

De la Blonde à Venize.

A Venize les femmes vsent plus fréquemment qu'en nul autre lieu, de lauemens de teste: mais non tant par curiosité de la tenir nette, que pour rendre les cheueux beaux: de sorte que deux fois la semaine, & principalement les Samedis, s'il fait beau Soleil, on voit par toute la ville aux fenestres, & sur les maisons (où en plusieurs y a des terrasses) les femmes & filles qui lauent leurs cheueux de diuerses eaux, & lessiues, qui les rendent blonds, & luisans. Puis pour les seicher ont vn grand chappeau de paille, ouuert par le haut: de sorte que le sommet de la teste demeure tout descouuert, & par là tous les cheueux sortent, & sont espandus au Soleil, autour du grand rebras du chappeau, & sont fort peignez par vne seruante ou par elles mesmes, & à diuerses fois au pris qu'ils se seichent, & ainsi demeurent deux ou trois heures au Soleil : cependant elles ne laissent de trauailler à leurs ouurages, sous l'ombre de leur grand chappeau, & de leurs cheueux espars. Cela est appellé *far la bionda*. Et si apres vn long-temps nebuleux il vient vn beau iour, on se peut asseurer allant par la ville d'en voir vne infinité qui sechent leurs cheueux.

Du iour naturel, & du iour artificiel, non vsité : & de la difference de commencer le iour naturel.

DE deux sortes de iour que nous appellons *naturel & artificiel*, il n'y a que le premier en vsage. L'*artificiel* (qui est celuy que le vulgaire appelle iour, à cause de la clarté, pour difference de la nuict qui fait vne autre partie) est tousjours inégal, & sans mesure, croissant ou diminuant de jour à autre, dautant qu'il commence au Soleil leuant, & finit au couchant: que nous disons entre deux Soleils, de sorte qu'il se trouue plus long ou plus court selon les saisons.

Le iour naturel est au contraire tousjours égal, tant l'Esté que l'Hyuer; & comprend tant le iour que la nuict, suiuant le passage de Genese où il est dit, *factum est vespere & mane dies vnus*, lesquels ensemble contiennent vingt-quatre heures égales en toute saison.

Les anciens ont encores vsé diuersement du iour naturel, les vns l'ayant distingué d'vne façon, & les autres d'autre.

Les Babyloniens le commençoient au matin, prenant d'vn Soleil leuant iusques à l'autre.

Les Atheniens au soir, commençant du Soleil couchant iusques à l'autre, d'vn Midy à l'autre.

Les Romains depuis la minuict iusques à l'autre minuict suiuant, ce que depuis a tousiours esté suiuy en l'Eglise Romaine, & par toute la Chrestienté: Ce qui est fondé sur ce que nostre Seigneur & Sauueur Iesus-Christ nasquit sur le poinct de minuict : Et aussi selon les Philosophes, parce que lors le Soleil (qui est cause du iour) se trouue au plus bas lieu & plus éloigné de nous ; & ainsi par consequent il commence lors à remonter & s'approcher de nous. Et encores aujourd'huy les Arabes commencent le iour à Midy, & pour raison disent que le Soleil fut creé à l'heure que se trouue leur Midy, qui est sa plus grande force, & son periode pour decliner.

Les Iuifs commencent au soir, & se fondent sur le mesme passage de l'Escriture en Genese, où il est dict, *factum est vesperè & manè dies vnus* : En quoy ils veulent suiure l'ordre de l'Escriture. De sorte qu'à Rome & autres lieux où ils demeurent, on voit que pour l'obseruation du iour du Sabbat (qu'ils gardent estroitement) ils chomment dés le Vendredy au soir, parce que la nuict clause ils commencent leur journée.

De

De l'horloge, & diuersité de conter les heures

COmbien que selon l'Eglise Romaine, le iour commence à minuict, finissant à l'autre minuict suiuante, comme i'ay dict cy-deuant : Neantmoins pour l'ordre de conter les heures, on suit par toute l'Italie le iour naturel de la façon des Iuifs : car on se regle sur le Soleil couché, & on conte vingt-quatre heures, comme estant le iour finy, pour en recommencer vn nouueau. Et par ainsi vne heure apres (qui est à la nuict fermante) on recommence à conter la premiere heure, continuant iusques à vingt-quatre, qui durent iusques à l'autre soir, au moins finissant au Soleil couchant : de sorte que les heures haussent & baissent selon les saisons : & ainsi le Midy se trouue à quatorze heures au temps du Solstice d'Esté, & a vingt-heures au Solstice d'Hyuer. En ceste façon de conter il n'y a autre commodité, sinon que on sçait tousiours combien il y a encores d'heures

E

de iour iusques au soir : ce que nous pouuons bien aussi iuger à plus pres en celle de France, dont nous vsons par tout; laquelle façon est tellement reglée par la minuict, & le midy, que pour quelque saison que ce soit, l'heure demeure tousiours en son poinct sans changer.

Du langage Italien, & comme chacun est appellé par son nom propre.

ENcores que le langage Italien soit mignard, poly, & respectueux en ses termes, en ses phrases, en sa prononciation, vsant outre ce ordinairement de la troisiesme personne pour adoucir le parler soubs mots honorables, comme voſtre *Seigneurie*, voſtre *Excellence*, ou autres semblables auec de beaux Epithetes de *Clarissime*, *Illustrissime*, ou *Reuerendissime*, selon la qualité des personnes : ce neantmoins la coustume est de nommer chacun par son nom propre: comme *Seigneur Iean*, *Pierre*, *Iacques*, quelques grands qu'ils puissent estre : sinon que parlant à eux-mesmes, & vsant de plus grand respect, on dict simplement *Signor* : & quand on adiouste le nom, c'est vn signe de familiarité. Mais si c'est vn homme de condition mediocre, on luy donne par honneur le tiltre de *Messer*, qui est le moindre qui soit, dont on vse mesme quelques fois vers les plus abjects. Et si on parle d'vn absent, on le nomme ordinairement par nom & surnom, pour distinction d'autre portant mesme nom. Quant aux noms que les François empruntent de leurs maisons & Seigneuries, cela ne leur est en vsage, ains l'estiment chose ridicule.

De la coustume de parler à Naples selon les Latins.

IL n'y a que Naples qui ait retenu la coustume de parler des Latins, par la seconde personne du singulier nombre, vsant de *tu* & *toy*, mesmes de l'imperatif, comme *tien*, *va*, *fay*, *pren*, sans plus grande ceremonie de langage, sinon entre les plus Grands, qui par ciuilité & respect parlent comme i'ay dict cy-deuant : mais pour l'ordinaire mesmement parmy le peuple, ce respect de paroles n'est nullement en vsage.

De la situation des Eglises.

CE que nous obseruons en France, que toutes les Eglises soyent tellement situées que le maistre Autel se trouue droictement opposé à l'Orient: n'est aucunement consideré par toute l'Italie: ains sont indifferemment basties & situées: de sorte que mesmes à Rome l'Eglise Sainct Pierre, qui est la principale, & où est le siege Papal, est entierement tournée au contraire, ayant la porte deuers le Soleil leuant, & le maistre Autel regardant vers l'Occident.

Des Images.

DEdans les Eglises y a fort peu d'Images taillées & esleuées en bosse; mais il y a grande quantité d'excellentes peintures plattes faites au pinceau, dont tous les Autels sont bien ornez.

d'Italie, &c. 37

Du temps de chanter Messe.

EN quelque temps que ce soit (sinon la nuict de Noël) on ne chante point Messe que le iour ne soit leué : & n'y à Prestre qui osast commencer plustost ; qui est selon le Chapitre, *necesse de Consecr. Quæst.* 1.

La fin & issuë de la Messe.

LA Messe estant acheuée, le Prestre se tourne vers le peuple, & faisant vne reuerence de chacun costé, saluë tous ceux qui y ont assisté, lesquels le resaluënt pareillement ; puis le peuple se tourne l'vn vers l'autre, & s'entresaluë auec vne reuerence, se disant tous bon iour les vns aux autres, soit qu'ils se cognoissent ou non, & principalement ceux qui sont venus en mesme compagnie, estimant estre le commencement de leur iournée quand ils ont acheué d'ouïr la Messe, & qu'il est bien seant de saluër les hommes apres auoir salué Dieu. Cela a aussi lieu entre les femmes qui se saluënt l'vne l'autre, mais d'homme à femme il ne se voit point, si ce n'est quelque parenté ou autre de connoissance particuliere.

Quand on lit l'Euangile en Piedmont.

A Thurin & autres lieux du Piedmont quand on lit l'Euangile, les hommes se leuent tous, & les femmes demeurent assises : la raison qu'ils en rendent, c'est que les hommes doiuent s'esleuer pour deffendre l'Eglise auec l'espée, & les femmes demeurer en prieres qui sont leurs armes; comme il a esté dict en son lieu.

De la longue barbe des Prestres & Religieux.

LA plus grande part des Prestres portent la barbe longue, & mesmement les Moynes & autres Religieux de tous les Ordres, tant Cordeliers, Iacobins, Carmes, qu'Augustins, qui la portent quelques vns iusques pres de la ceinture.

Vn seul baptistere en chacune ville.

IL n'y a en toutes les parroisses des fonds pour baptiser, ainsi comme en France, mais seulement en l'Eglise Episcopale; ou bien, s'il n'y a Eueſché en la principale, afin de seruir pour toute la ville. Et dés long-temps y a regiſtre de tous ceux que l'on baptise, ce que la France a commencé depuis peu.

Des Parrains & Marraines.

AVx baptesmes soit fils ou fille, on ne prend qu'vn parrain & vne marraine pour leuer l'enfant sur les fonds; ce qui se practique aussi en quelques lieux en France, mesmement deuers la Gascogne.

La nourriture des filles iusques à tant qu'on les marie.

LEs filles sont mises en Religion dés l'aage de trois ans en plusieurs pais de l'Italie, & n'en sortent point qu'estant accordées pour marier, sinon celles qui n'ont pas le moyen d'y estre entretenuës, & pour ceste occasion y a grand nombre de Monasteres de filles dedans les villes, dont i'en ay compté dix-sept dedans Bologne : car ce n'est point la coustume de les bastir hors les villes.

Des Religions des filles.

IAmais homme n'entre dedans les Religions de filles, sinon l'Euesque quand il va reuisiter les Conuents, ou le Confesseur : & si ancun autre entreprend d'y entrer, pour quelque sujet que ce soit, il est puny de mort : mais on peut bien aller parler au tournoy sans les voir. Et si c'est pour achepter quelques ouurages d'elles, ou bien vn pere qui vüeille voir sa fille ou autre parente, il faut auoir par escrit vne permission de l'Euesque pour la faire sortir en vne antichambre, qui est près la seconde porte, où peut entrer celuy qui a la permission, & y trouue les plus vieilles Religieuses qui y apportent les ouurages. Et ceux qui ont besoin de chemises, mouchoirs,
ou

ou autre linge leur portent de la toile, & elles trauaillent pour ceux qui les en requierent: principalement celles qui sont en des Monasteres pauures & viuans d'aumosnes.

Mariage conclud & arresté premier que les parties se voyent.

LEs filles sont ordinairement accordées, & le contract passé sans auoir veu celuy qui les doit espouser, ny estre veuës de luy : & n'a autre moyen de sçauoir quelle est la fille que par quelques parentes ou autres femmes qui l'ayant veuë en la Religion, luy en font rapport, & la décriuent au mieux qu'ils peuuent telle qu'elle est. Cela fait le mariage est tenu pour asseuré : & si apres l'ayant tirée de la Religion elle n'estoit agreable au jeune homme, il faut neantmoins qu'il s'en contente, ou bien ce seroit deshonneur pour la fille, & vn sujet suffisant à tous ses parens de l'entreprendre, & s'en ressentir, en quoy il iroit de la vie de celuy qui auroit fait le refus apres vn tel acheminement.

F

Fille nourrie chez son pere.

SI en vne maison de qualité, & moyens vn pere, & vne mere nourrissent leur fille auec eux en leur maison, elle en sera beaucoup moins requise, & plusieurs ne la voudroient espouser, tant ils sont defians en ce qui touche l'honneur d'vne femme: Aussi y a peu d'Italiens qui ne soyent extremement jaloux, soupçonneux, & veillans sur les actions de leurs femmes, lesquelles ils ayment extremement, & leur portent tant de respect & honneur qu'il ne se peut dauantage; ce neantmoins les tiennent fort sujettes & reserrées.

Du baiser.

LE baiser est en Italie chose si diffamatoire à la femme, que celle qui a esté baisée à demy perdu son honneur; de sorte que quand le Prestre marie, nonobstant que la coustume soit que l'espoux baise l'espouse, neantmoins elles ne le veulent permettre: & ay veu pour cette occasion vne querelle en l'Eglise deuant le Prestre, & l'espouse bailler vn soufflet à son espoux, qui la vouloit baiser: ce que l'on estime noter dautant plus, pource qu'ils tiennent pour maxime vn Prouerbe, que qui a eu le baiser d'vne femme, a le reste sans difficulté. Et quand ils entendent estre la coustume en France de baiser les femmes en les saluant, ils trouuent cela si estrange, que plusieurs ne le veulent croire.

De la ceremonie du mariage.

ON n'obserue pas de marier au matin à la Messe; mais à telle heure que l'on veut, & le plus souuent à la fin de vespres, ou sur le soir auant souper, & n'y assiste en l'Eglise que deux ou trois parens sans plus grande ceremonie ny assemblée.

Des nopces.

LE festin de la nopce ne se faict d'vn mois, & quelquesfois de six mois

F ij

Voyages & Obseruations

apres le iour qu'ils ont esté espousez, de sorte qu'il aduient souuent que l'epousée est ja fort grosse, le iour du festin.

Consommation du mariage auant la ceremonie.

A Venize les parens estant d'accord, & apres y auoir promesse de mariage & contract passé, & signé, on tient le mariage faict, & tellement asseuré que le futur espoux couche ordinairement auec la fille, & ne se marient que quand il leur plaist. De sorte que souuent ils attendent qu'elle soit grosse auant que le Prestre les marie.

Des Concubines & Mariages à volonté.

DAuantage on voit plusieurs Veniciens, & mesmes des plus signalez de la ville entretenir des concubines (qui est chose permise en toute l'Italie) & ayant nombre d'enfans les font instruire: & encores que leur intention soit d'espouser la mere, & faire legitimer les enfans, neantmoins parce qu'il est en leur liberté de ce faire ou non, ils y tardent souuent iusques à ce qu'ils ayent mesnagé ensemble l'espace de douze ou quinze ans, & mesmes dauantage, afin de contenir la femme en plus grand deuoir, & respect, par la crainte d'estre rejettée & chassée pour en prendre vne autre: & aussi pour retenir les enfans en plus grande obeïssance, ne pouuant rien esperer que de la grace du pere. Et ainsi donnent à l'vn & à l'autre vn ply & habitude de plus grand respect, honneur & reuerence enuers celuy duquel tout leur bien & esperance dependent entierement, puis selon que la femme s'est bien gouuernee, & qu'elle s'est renduë agreable, & les enfans obeïssans, quand la volonté prend au pere il l'espouse la mere, & fait legitimer ses enfans.

De la femme de mauuais gouuernement.

S'Il se trouue en vne maison de marque, vne femme non mariée soit vefue ou fille, qui se gouuerne mal, les parens luy ayans remonstré, si elle persiste, toute la famille l'entreprend & la tuent d'vn coup de poignart : mais si elle est mariee la vengeance n'en appartient à autre qu'à son mary, qui quelques fois en communique premierement aux plus proches parens de sa femme, & s'il y a enfans ils l'empoisonnent secrettement pour couurir l'honneur de la maison.

Des Bastards.

LE nom de bastard n'est à vitupere en Italie, & à ceste seule occasion vn homme n'est de rien moins estimé & recherché, parmy les gens d'honneur.

DES ENTERREMENS

& de ce qui en depend.

LA couſtume n'eſt d'enterrer les corps morts, mais chaſque famille a en vne Egliſe ou Cloiſtre deſſous les Galleries vne chambrette voûtée ſouſterre, en laquelle on deuale ſept ou huict eſchelons, & là dedans on met les corps arrangez les vns pres les autres, & l'entrée d'icelle chambrette eſt ſeulement vne tombe de pierre, ſur laquelle on marche, & ſe peut leuer quand on y veut mettre vn corps, puis ſe referme & joint d'elle-meſme ſi juſte, qu'il n'en ſorte aucune mauuaiſe ſenteur.

Des Sepulchres.

QVand on commence à faire vn ſepulchre pour vne famille, apres qu'il est basty, toute la parenté s'assemble, & y va disner vn iour pour en prendre possession, & là deuant boiuent les vns aux autres, comme en leur maison commune.

Du Conuoy.

Portant vn mort par la ville le corps est estendu en son seant, sur vne forme de lict haut esleué auec brancards sur les espaules de quatre hommes qui le soustiennent, & se void le visage à découuert, pour éuiter aux inconueniens qui autrement pourroient aduenir, & au reste est habillé comme s'il estoit encore viuant, des plus beaux & riches habits qu'il eust, & ordinairement des siens nuptiaux, auec son espée au costé, ses anneaux aux doigts, & ses plus riches joyaux, autre chose selon sa vacation: comme si c'est vn Docteur on met deuant luy vn grand liure ouuert, ou vn petit en ses mains, & vn autre grand à ses pieds.

Les hommes puis les femmes vont deux à deux suiuant le corps qu'ils conduisent

duisent iusques au sepulchre, où on le deualle luy laissant tousiours ses habits, dedans lesquels le corps se pourrit & consomme. Quant aux bagues on auoit anciennement accoustumé les laisser aussi,
ou bien d'autres contrefaites, mais ceste
coustume n'est plus.

Distinction du conuoy des non mariez

SI c'est vn garçon ou vne fille, pour
témoignage de ce on épand sur le
corps & sur le lict qui est porté sur la biere, vne grande quantité de fleurs.

Vœu durant la vie.

PLusieurs font vœu pour certain
temps, & les autres pour toute leur
vie, de ne porter jamais habit que gris,
& s'en void vne infinité de tels, tant
hommes que femmes, mesmement des
plus belles, riches, & jeunes; dont aucunes soubs ombre de pieté & deuotion,
le font plustost pour leur estre ceste couleur bien seante : car quant au reste elles ne laissent de porter des perles, &

G

bagues de grande valeur, & apres leur mort leurs corps sont mis au sepulchre auec cet habit, choisi dés leur viuant.

Vœu apres la mort.

Velques autres ordonnent seulement par testament estre portez apres leur mort en habit gris, & autres habillez en Cordelier, ou en habit d'vn autre Ordre de Religieux, selon qu'il leur vient plus à gré.

Superstition.

Pres le conuoy du corps on reuient en la maison par vn autre chemin que celuy qu'on est allé, parce qu'ils estiment malheureux & funeste de retourner sur les mesmes pas.

Souuenance aux enfans de la mort de leur pere ou mere.

Vand vn homme ou vne femme meurent laissant leurs enfans petits, afin qu'il leur demeure quelque sou-

uenance de leur pere ou mere, & qu'ils
se puissent imprimer en l'esprit vne idée
de leurs physiognomie, on a accoustumé
(s'ils ont ja aage de discretion) les soit-
ter & battre estrangement, leur faisant
entendre l'occasion, & leur representant
la memoire du deffunct, auec quelque
chose de particulier & remarquable, voire mesmes leur monstrer le corps mort,
puis leur renouueller souuent ceste sou-
uenance par les choses passées.

Oraison funebre.

L'Italie a encores retenu la coustume
des anciens Romains, en ce que si
le deffunct est tant soit peu de marque &
qualité, on choisit entre les plus proches
parens vn jeune homme, celuy que l'on
pense le plus propre & plus eloquent, qui
fait sur le tombeau vne harangue fune-
bre, à la louange du deffunct, tant sur
la splendeur de la maison, dont il est is-
su ; comme aussi representant à l'assi-
stance, particulierement toutes ses vertus,
qualitez, & charges qu'il a euës, auec tout
ce qu'il a faict de remarquable en sa vie.

G ij

Coustume de l'Isle de Corsegue.

EN l'Isle de Corse autrement appellee Corsegue, quand vn homme est decedé, sa femme va au conuoy apres le corps, & quand on l'a mis au sepulchre, vn des proches parens fait vne harangue sur la memoire & loüange du deffunct, apres laquelle la femme se prosterne sur le tombeau, & se despesse le visage, arrache ses cheueux, s'escrie & lamente comme vne personne desesperée: & afin de l'esmouuoir, & inciter dauantage, chacun des parens & amis, qui se peuuent souuenir de quelque chose de particulier d'entre son feu mary & elle, ou quelque chose qu'il auoit accoustumé de faire ou dire, le luy representant pour luy en raffraischir la memoire & aigrir d'autant plus sa douleur: & ainsi au lieu de l'empescher de se perdre, ils la faschent & stimulent de plus en plus: puis l'ayant ramenée en la maison, la viennent tous consoler & remettre.

De la demeure des Gentils-hommes.

LEs Gentils hommes, Barons, Marquis, Comtes, Princes, Ducs, & autres Seigneurs font tous leur demeure dedans les villes, qui est occasion qu'elles sont si riches, superbement basties & bien peuplées. Et au contraire qu'il se voit peu de belles maisons & chasteaux sur les champs.

Nuls chasteaux ny maisons fortes?

IL n'est loisible à aucun particulier de faire bastir sur les champs, places fortes & chasteaux de deffense, de peur que ce ne fust en fin vne subjection au païs, vn refuge aux meschans qui s'en rendroient maistres, vne retraicte à l'ennemy, & vne resistance au païs, ou au Seigneur aduenant vne reuolte de peuple, ou felonnie de quelques particuliers mal contens qui se seroient esleuez.

Le lect de la premiere pierre d'une maison.

Quand on bastit quelque belle maison, le maistre jette la premiere pierre, & met quelque quantité de pieces d'or au dessous: & quelques vns y mettent aussi des medalles portant d'vn costé leur pourtraict, & de l'autre leurs armes, auec deuises, & le nom du Fondateur, & année de la fondation: dont y en a aucunes d'or, parce qu'il n'y a rien en ce monde qui deperisse, & gaste par succession de temps, sinon l'or & le diamant qui ne sont sujets à aucune corruption, diminution ny alteration pour quelque longueur ou injure de temps qui puisse venir. Puis outre cela on épand au pied de tout le fondement de toutes sortes de monnoye soit d'or, d'argent ou autre metail, qui ont cours lors que le bastiment est commencé.

d'Italie, &c. 55

De la grandeur des Palais.

IL y a dedans les villes des palais si capables & spatieux, qu'il semble de plusieurs maisons en vne, ayant diuers corps de logis : de sorte que plusieurs de la famille & parenté y logent ensemble, soit que la maison appartienne à vn seul qui les y reçoit, ou que par indiuis, elle soit à diuers de la famille, comme il se voit à Bologne, de la maison ancienne des Pepoly tres-grande & spatieuse, mais vieille & bastie seulement de brique, en laquelle les principaux Chefs de la famille sont demeurans, encores que plusieurs autres de la mesme famille, moindres qu'eux, ayent chacun vn beau palais à part.

L'occasion du grand nombre de belles maisons, & de la grandeur & magnificence des Palais.

L'Italien est si curieux d'estre magnifiquement logé, & de toutes choses qui paroissent, que plusieurs n'ayant moyens suffisans pour satisfaire à leur desir, qui est de laisser vne maison de marque en leur famille pour la posterité, ils se contentent de faire vn beau dessein, & en jetter les fondemens les esleuant iusques à fleur de terre, puis bastissent seulement vn corps d'Hostel pour se loger, attendant encores dix ou vingt-ans pour y adjouster quelque chose, quand ils ont fait amas de deniers, laissant le surplus à leurs heritiers, qui de pere en fils éleuent peu à peu à plusieurs fois vn superbe bastiment, poursuiuant le dessein de l'ayeul, ou de plus haut.

De la forme des bastimens.

LA plus grande part des belles maisons sont pour le premier estage basties en voûtes, & hautes arcades de pierre ou de brique, & ont les portes fort hautes & larges, l'entrée magnifique, qui va droict iusques au plus profond de la maison, la court au milieu, & de larges galeries couuertes, ou tout au tour, ou de deux costez, faisant vn triangle à vn coin, icelles à iour, & ornées de colomnes

colomnes de pierre, ou de marbre, l'architecture fort bien gardée, auec tout ce qui est requis pour la perspectiue, & tant dehors que dedans sont fort enrichies de belles peintures sur les murailles : de sorte que l'on dict, qu'en Italie, les hommes & les maisons sont tous peints.

Quant aux couuertures, & aux fenestrages nous en parlerons cy-apres sous le tiltre des choses qui defaillent. Et pour regard du dedans des chambres & salles, il n'y a si grande quantité de meubles comme nous vsons en France.

Des voûtes sous-terre.

EN plusieurs lieux quand on bastit les voûtes des caues, on fait seulement les fondemens, & quand ils approchent du haut on vuide quelque quātité de terre des deux costez, laissant le milieu haut esleué en forme de voûte, puis on y applique la massonnerie, & sur icelle se poursuit le bastiment, lequel estant acheué, on trouue la caue, les selliers & autres offices, quand on veut vuider la terre, entrant là dessous par vne porte reseruée pour l'entrée de la caue, & lors la voûte demeure ainsi en l'air sans charpenterie ny estre esta-gée.

Des portiques & des ruës.

Plusieurs villes ont des portiques, qui sont de grandes galleries larges de deux toises ou plus, passant dessous & au pied des maisons & palais, toutes lesquelles galleries sont esleuées de terre de trois ou quatre pieds, & carlées de brique debout: de sorte qu'en deux portiques la ruë demeure basse & pauée, par laquelle il ne passe que les cheuaux, coches, & charrettes: ainsi on va l'Esté en plein midy à couuert sans soleil, & l'Hyuer quand il pleut on ne differe de sortir & aller par tout à pied sec, se promener ou faire affaires comme en vn autre temps: sinon quand il faut trauerser quelque ruë d'vn portique à autre.

Moyen de maintenir & accroistre les maisons & familles, par l'ordre qui y est, s'appliquant chacun à diuerse vacation.

Celuy qui a grand nombre de fils, tant s'en faut que ce luy soit à charge, qu'au contraire c'est le bien & aduancement de sa maison, pourueu qu'il y ait des moyens suffisans pour les entretenir honnestement, & qu'ils soyent gens d'entendement; car naturellement ils recherchent tant la grandeur & accroissement de leurs maisons, que s'ils se voyent grand nombre il n'y en a ordinairement qu'vn ou deux au plus qui se marient : & des autres, l'vn se fait d'Eglise pour aduancer le plus qu'il peut son aisné, & l'ayder des moyens pour paroistre : l'autre se met à suiure les armes, & ne se marie point; vn autre s'adonne seulement au maniement de toutes les affaires de la maison, & à aller sur les champs pour faire valoir le bien : & ainsi viuent en grande fraternité & amitié, respe-

&tant fort le chef, comme leur aisné, & demeurant presque en communauté & bourse cōmune, & tiénent leurs nepueux pour leurs propres enfans & heritiers.

Du Chef d'Hostel & de famille.

DE tous les freres celuy qui se marie n'a qu'à conseruer la maison, & ordonner tout ce qu'il luy plaist, comme pere de famille, & chef de tous les autres, qui comme les mousches à miel vont cependant çà & là chercher pour apporter à la maison.

De celuy qui est d'Eglise.

MAis si celuy qui est d'Eglise est homme d'entendement & d'affaires, ce sera luy qui aduancera plus la maison: & pour ce faire il ira demeurer à Rome, & trouuera moyen d'auoir entrée & accez chez vn Cardinal, & s'estant insinué se donnera à luy, & le suiuant comme Protonotaire & domestique, suiura aussi sa fortune, entretenant son maistre tant qu'il pourra, & tirant quelques benefices ou offices de chez le Pape & Cour de Rome.

En fin si le Cardinal paruient vn iour au Papat tous ses seruiteurs s'en ressentent, mesmement les Protonotaires qui n'esperent rien moins, qu'vn Chappeau de Cardinal, & ainsi toute la famille en demeure illustrée, & aduancée, n'y ayant lieu où le hazard esleue plus de gens; & en moins de temps qu'en Cour de Rome.

Et celuy qui est paruenu iusques au Cardinalat espere encores monter iusques au dernier degré, d'où vient que plusieurs maisons mediocres ont esté egalés aux plus grandes, & plus illustres, comme nous le voyons encores tous les iours aduenir aux nouuelles creations des Papes.

De celuy qui suit les armes.

Quant à celuy qui suit les armes, il le faict principalement pour la protection & deffense de la maison, affectant la reputation d'estre vaillant, & hazardeux, pour se rendre plus redoutable, & que l'on craigne dauantage de rien attenter sur ceux qui luy touchent: & ordinairement vend tout son bien à ses freres, afin que s'il fait quelques meurtres ou vengeance, soustenant la querelle de sa maison, il puisse se retirer en seureté sur la terre d'vn autre Prince, & que cependant on ne trouue rien à confisquer.

Ce malheur aduenant, ses freres luy font tenir secrettement argent tant qu'il en a besoin, & en quelque lieu qu'il soit.

De celuy qui est dedié pour les affaires de la maison.

CEpendant celuy qui n'estoit que pour s'entremettre des affaires de la maison, commence à entreprendre la maintenuë d'icelle, faire le fendant, & hanter ceux de ceste vacation pour tenir la place de son frere absent & banny du païs, afin de monstrer que la maison n'a point faute d'hommes pour la deffendre.

Par ainsi le grand nombre d'enfans qui aux autres nations seroit à charge

& ruiné, leur tourne à support & augmentation, ou au moins pour la conseruation de leur maison par le bon ordre dont ils vsent.

Des Bannis.

VN meurtre estant commis on en faict tout promptement la poursuite, & le procez à l'accusé, quoy que ce soit par coustumace, s'il ne peut estre apprehendé ; & ceux contre lesquels on a ainsi procedé sont appellez *Bannis*, parce qu'il se faict vne proclamation & cry public, par lequel il est enjoint à toutes personnes leur courir sus, & permis de les tuer, si autrement ne se peut: ce que l'on publie par tout le païs ou Duché où le meurtre a esté commis.

Edict contre les *Bannis*.

ET dautant que tous ceux qui sont en ceste mesme peine se recherchent & joignent ensemble pour se conseruer l'vn l'autre, & vont par grandes troupes sur les champs, afin de mettre vne defiance entr'eux, & qu'ils ne s'allient si aisement, il y a vn Edict general par lequel celuy qui apporte la teste d'vn Banny gaigne cinq cens escus, ou bien la grace d'vn autre banny qu'il luy plaira nommer (sinon que pour vn crime atroce & signalé, il y en ait aucuns exceptez par le decret de leur condamnation) de sorte que l'on choisit plustost la nomination que la somme proposée, parce que ceux qui sont bannis, ou bien pour eux, leurs parens & amis, acheptent pour grosse somme ceste nomination pour rachepter & tirer de peine celuy qu'ils veulent r'auoir.

A ceste occasion craignant entr'eux que l'vn tuë l'autre pour se rachepter, ils se redoutent & fuïent jusques à tant qu'ils se soyent donnez la foy de fidelité & alliance qu'ils font ensemble, laquelle ils gardent apres inuiolablement, & sous ceste asseurance se conseruent & deffendent l'vn l'autre.

Recherche sur l'Edict.

Vtre cela pour exciter dauantage chacun contr'eux, la partie ciuile offre souuent & consigne en banque vne grosse somme de deniers, comme deux ou trois mil escus ou dauantage, selon la qualité des parties: qui est vn prix proposé pour celuy qui pourra apporter la teste du banny, outre ce qui luy appartient par l'Edict cy-dessus mentionné: & quelquesfois y a encores consignation au double pour celuy qui le pourra amener vif, laquelle luy est deliurée par auctorité de Iustice, aussi-tost qu'il a presenté la personne ou la teste.

Comportement des Bannis enuers ceux qu'ils rencontrent.

ENtre ces bannis y en a grand nombre qui par hazard ou querelle ayāt commis homicide ou autrement delinqué, se trouuent incontinent priuez de tous leurs biens, par arrests & saisies: & autres sur qui on ne trouue que prendre,

I

lesquels pour auoir moyen de viure vont par troupes sur les champs, & s'ils rencontrent des François, Allemans ou autres Estrangers, il les laissent ordinairement passer sans leur faire tort: mais si ce sont Italiens d'autre païs qu'eux, ils leur ostent la bourse, & neantmoins leur laissent quelque somme pour paracheuer leur voyage; & s'ils sont de leur ville ou païs d'où ils sont bannis, ils leur ostent ordinairement tout, sinon que ce soyent personnes ausquels pour quelque respect ou connoissance ils ne vueillent toucher: mais d'attenter à la vie, cela ne leur aduient jamais, sinon qu'ils rencontrassent vn de leurs ennemis.

Et quelques autres ayant la bourse ne prennent qu'vne partie de ce qui est dedans, & font leurs excuses de ce que la necessité les contrainct de ce faire.

Nuls voleurs par l'Italie.

Qvant aux voleurs ordinaires il n'y en a point en toute l'Italie, sinon vers l'Apouille & la Calabre qui viennent souuent guetter sur le chemin de

Naples à Rome, & sont les deux regions où est comme l'escume de toute l'Italie, c'est à dire les pires; & qui pour l'ordinaire appliquent plustost leur bon esprit à mal qu'au bien: mais faisant là vne barre pour les separer du reste de l'Italie, on pourra dire qu'il n'y a point de voleurs comme aux autres païs, ce qui provient de ce qu'ils n'ont le cœur si lasche de s'adonner à ce mestiers, & aussi que la poursuite s'en feroit si promptement que s'ils eschappoient pour vn temps, en fin on les auroit à la longue, dautant que c'est vn païs où on n'oublie rien, & mesmement de ce qui concerne la Iustice criminelle, en quoy ils sont fort exactes, & n'y a moyen de grace ou faueur pour reintegrer celuy qui a vne fois esté couché au papier rouge.

Des Supplices.

ANciennement on souloit vser de diuerses supplices estranges, & des plus cruels que l'on se peut imaginer selon l'enormité des faits, mais depuis le Concile de Trente qui deffend telles cruautez de peur de mettre vn homme au desespoir, & luy faire oublier Dieu en l'article de la mort, on n'a plus vsé que de deux especes, de pendre & decapiter, dont la derniere se fait par le moyen de deux pieces de bois dressées sur vn marchepied à vn pied & demy de distance l'vne de l'autre, puis y a vn ais qui ioinct aux deux pieces, iusques à la hauteur de trois pieds, & au haut y a vn demy-rond dedans le bois, où l'on fait mettre le col au patient, & aussi tost on deualle vn autre ais qui hausse & baisse dedans au long desdites deux pieces debout, & l'ais du dessus ayant vn autre demy-cercle de vuide, & se rapportant à l'autre du dessous, le col du mal-faicteur se trouue pris, puis aussi-tost laschant vne petite corde, il coule tout au long des ais vn grand tranchant large de fer ou de plomb, lequel coupe le col tout net.

Vray est qu'à Venize on vse aussi de noyement, mettant vn homme couché sur vn ais porté sur le bout de deux gondoles, lesquelles estant allées loin en mer, au lieu plus profond, elles viennent à s'esloigner l'vne de l'autre: de sorte que

d'Italie, &c.

les deux bouts de l'ais coulent en l'eau, & l'homme qui estoit dessus, ayant vne grosse pierre au col, & les mains liées, va au fond, l'ais demeure flottant sur l'eau.

Des peines afflictiues, & que veut dire vn Poulet.

Qvant aux peines afflictiues de corps, l'estrapade est la plus ordinaire, mesmes pour les plus legeres fautes, & se donne à toutes personnes sans distinction de qualité, mais selon qu'est la faute on donne vn seul trait, ou bien trois diuers, ou auec secousse, & si c'est pour maquerellage que soit faite la punition, on pend deux poulets vifs aux pieds de celuy qui auroit esté pour suborner vne femme: & de là vient ce que nous appellons en France porter vn poulet, quand on enuoye vn petit billet, d'autant que ceux qui se mesloient de ce mestier portoient des poulets vendre par les maisons, & mettoient vn billet sous l'aisle du plus gros, qui estoit vn aduertissement à la Dame qui s'entendoit, ou pour la premiere fois trouuoit moyen de le bailler à la main : cela estant découuert le premier fut puny d'estrapade auec deux poullets attachez aux pieds, qui ne font cependant que voller, & depuis est venu que le maquerellage de quelque façon qu'il soit, se punit de ceste sorte : & nous n'entendant l'origine appellons indifferemment vn poullet toutes sortes de petits billets. L'autre punition est le foüet, qui ne se donne qu'à personnes de vile & basse condition.

Outre ces deux sortes on vse aussi de coupper le poing, quand c'est la main qui a forfaict, non seulement ayant outragé autruy : mais aussi pour auoir esté chez vn Messager & receu lettres d'autruy à fausses enseignes, & les ayant ouuertes, la punition ordinaire est de couper le poing, si celuy à qui elles s'addressent s'en veut plaindre.

Si on met la main à l'espée.

Quand il suruient querelle en vne compagnie ou assemblée publique, & que l'vn met la main à l'espée, tous les assistans encores qu'ils ne soyent de la querelle font neantmoins le semblable, & tiennent l'espée nue en la main, craignant que ce soit vne feinte pour attaquer & prendre à despourueu celuy qui n'y pense pas, & qui n'est prest à se deffendre : & ainsi se tiennent tousjours sur leurs gardes.

Du desmentir, & de la qualité des parties.

S'Il y a vn desmentir donné entre pareils, on met la main à l'espée ; mais si celuy qui a desmenty est de beaucoup moindre qualité, il luy suffit luy ietter vn mouchoir, vn gan contre l'estomac, en quoy le desmentir est assez vangé. Si l'inegalité des personnes est par trop grande, on crache comme par mespris contre celuy qui est de condition vile.

Du desmentir en Piedmont.

EN Piedmont n'y a lieu de grace pour ceux qui tuent sur vn desmentir receu : & encores moins pour ceux qui le donnent, parce qu'il y a Edict exprés par lequel le Duc reçoit en son nom tous les desmentis donnez, lesquels il vange, & fait punir les contreuenans à ses deffences, comme s'estans addressez à luy-mesme. Et pour effacer l'injure receuë par le desmentir, il suffit s'en plaindre au Duc, lequel le reçoit sur soy, & en ayant deschargé le complaignant, il commande que justice en soit faite; qui est la reparation que peut pretendre l'offensé, lequel apres cela est reintegré en son honneur, n'ayant besoin de faire autre poursuite pour sa punition qui doit ensuiure.

Maxime de l'Italien pour la preuoyance du mal.

L'Italien vse de tant de preuoyance en toutes ses affaires, qu'il ne fait rien sans aduiser la consequence, & les inconueniens qui en peuuent aduenir : & mesmes des choses ordinaires en faict des regles pour soy, comme s'il va le soir par la ville, il a pour maxime de ne destourner

stourner jamais court à vn coin, mais de tenir touſiours le milieu de la ruë, pour deſtourner afin d'euiter plus aiſément la rencontre de ceux qui le pourroient guetter pour l'offenſer.

Des armes permiſes ou deffenduës.

TOutes armes deffenſiues ſont permiſes par tout, tant de iour que de nuict: mais quant aux offenſiues telles ſont permiſes en vne ville qui ſont deffenduë en l'autre.

En la plus part des lieux eſt expreſſement deffendu à qui que ce ſoit de porter dague (ſinon par les champs) ſur peine de la corde, qui eſt à dire vn traict d'eſtrapade: de ſorte que celuy qui la veut porter aux champs doit au partir de ſa maiſon aller droict à la porte de la ville pour ſortir, ſans s'arreſter ny aller en aucune compagnie.

Et ſi on porte quelque autre baſton ferré, comme halebarde, épieu, ou iaueline, il faut piquer au bout vn petit morceau de bois, ou autre choſe, voire

K

seulement vne feüille d'arbre, qui n'est que pour forme, afin de monstrer que ce n'est pour offenser: si c'est vne coignée, vne douloire, vne lame d'espée, vne ou autres armes tranchantes il n'est permis les cacher sous le manteau, ny aussi nuës à descouuert; mais est besoin qu'elles paroissent entre les mains de celuy qui les porte par la ville, & neantmoins qu'elles soyent couuertes & enueloppées (au moins le tranchant) de linge ou de papier seulement autrement y écheroit punitiõ. Et si c'est vn baston à feu, il n'est pas permis le charger, sinon quand on est hors la ville.

La dague n'est permise en aucun lieu, sinon à Ferrare.

AV contraire à Ferrare la dague n'est point deffenduë, & dautant qu'il n'y a que ce lieu en toute l'Italie où elle soit permise, il semble qu'ils affectent dauantage de la porter, ayant cela de particulier plus que tous leurs voisins: de sorte que la plus part la portent ordinairement, tant aux chāps que par la ville.

d'Italie, &c. 77

De la permission de porter l'espée.

EN plusieurs villes n'est permis porter l'espée sans permission, & en toutes est deffendu la porter la nuict sans permission.

A Mantoue on la peut porter, pourueu qu'elle soit penduë au costé, mais non de la tenir seulement sous le bras, car pour cela vn habitant auroit vn traict d'estrapade; mais vn estranger en est aduerty pour la premiere fois par les Sbirres, qui sont les Archers du Guet, & apres cela est en pareille condition qu'vn autre.

A Milan on ne peut porter espée que de certaine longueur.

A Milan est permis porter l'espée, pourueu qu'elle soit de mesure: & pour ceste occasion y a des Sergens qui vont par la ville, & portent vne mesure de la longueur qu'elles doiuent estre, laquelle il ne faut qu'elle soit aucunement surpassée, sur peine de prison & d'a-

K ij

mande pecuniaire, dont les Estrangers mesmes ne sont exempts.

A Genes nul ne porte espée.

IL n'est permis à nul de porter espée ny autres armes dedans la ville de Gennes, de sorte que quand vn estranger y arriue on l'aduertit à l'entrée de lier les gardes de son espée auec le fourreau: en sorte qu'elle ne se puisse dégainer, & faire le semblable quand il en sortira.

En l'Eglise Sainct Marc de Venize nul n'entre auec l'espée.

A Venize on ne demande point permission pour porter l'espée, ains se porte librement par tout, sinon dedans l'Eglise Sainct Marc dudit lieu, où il faut la laisser à la porte & toute autre sorte d'arme.

Des Iuges & de la Iustice ordinaire.

LEs gouuernemens des villes & païs sont diuers, selon les Seigneurs qui les tiennent : mais quant à la Iustice ordinaire, qui est presque semblable par tout, elle consiste principalement en deux premiers Iuges, l'vn Ciuil, appellé il *Potesta*, qui est le premier, & y en a par toutes les villes, l'autre Criminel, appellé *Auditor della Rota*, qui doiuent estre passez Docteurs en Droict.

Du témoignage des femmes.

LEs Venitiens, comme aussi la plus part des Orientaux, veulent par leurs Ordonnances, que le témoignage de deux femmes ne vaille que celuy d'vn homme, encores font ils grande difficulté de juger sur la deposition de quatre femmes seulement (qui toutesfois peuuent en ce nombre rendre témoignage entier) s'il n'y a aussi quelque homme qui parle conformement auec elles : & se fondent sur la fragilité & legereté du sexe qui est facile à induire, ou se laisser aller à la passion.

Des vestemens des hommes.

AV lieu qu'en France les hommes s'habillent ordinairement de couleurs, principalement la Noblesse, & les femmes ne portent que robbes noires; le contraire s'obserue par toute l'Italie: car les hommes y sont la plus part entierement habillez de noir, & les femmes ne portent gueres que robes de couleur, & plus de soye que d'autre estoffe, à cause de l'abondance qu'ils en ont: où si les hommes portent quelquesfois des habits de couleur, ils ont l'accoustrement tout complet de mesme parure, & se moquent des Allemans & François, qui ont coustume de porter des habits bigarrez, ayant le pourpoint d'vne couleur, les chausses de l'autre, & le reste diuersement, & pour ceste occasion les appellent *Papagalli*, qui signifient Perroquets.

Des vestemens des femmes.

QVant aux femmes, c'est tout au contraire, car comme en France elles ne portent que robbes noires, aussi en Italie elles sont (hors mis les vieilles) toutes habillées de couleur viues, tant robbes que cottes auec passemens d'or & d'argent: celles qui ont du moyen honnestement ne portent gueres que robbes de veloux, satin, damas, & taffetas de couleurs, & les plus pauures en portent de camelots ou petites serges aussi de coleurs.

De la soye & des vers qui la font.

Tout ainsi qu'en France les femmes font filer les chanvres & lins en leurs maisons & ailleurs, dont elles font apres faire des toiles pour leur vsage, ou des laines pour faire des serges & draps: aussi en Italie les femmes mesnageres nourrissent grande quantité de vers a soye appellez *Bombici*, & à Boulongne *Caualieri*, lesquels ayant acheué leur petit peloton, ils les mettent au soleil, & quelques fois entre deux coüestes, à la plus grande chaleur du iour afin de faire mourir le ver là dedans, qui autrement perceroit son petit peloton ou fusée pour en sortir : puis elles & leurs seruantes les deuident, les mettant premierement en eau chaude pour cét effet : & par ce moyen tirent la soye en son entier, & comme les vers l'ont filée, sans que rien se rompe, & l'ayant mise en plusieurs double, c'est la soye escreuë, dont y en a de blanche, de jaune pasle, & de jaune doré, qu'ils font apres teindre de tels couleurs qu'il leur plaist, & demeure telle que celle que nous appellons soye platte (dont les plus belles teintures en cas de couleur sont celles de Venize) puis ils en font faire des veloux, damas, satins, taffetas, & autres estoffes pour seruir à tout leur mesnage, estant de ceste façon de beaucoup plus grande durée que les autres, dont le ver est sorty par vn bout qu'il a percé, & dont la soye est filée, au lieu que ceste-cy n'est que deuidée, & mise en œuure en son naturel, sans autre artifice.

Des habits des hommes à Venize.

L'Italien est fort curieux d'estre en ordre & proprement habillé, sans changer

changer guères de façons, qui sont presque semblables par toute l'Italie, sinon à Venize qu'ils sont fort differens des autres, tant aux habits des hommes que des femmes, ayant retenu les façons anciennes qui ne changent si legerement aux Republiques, comme aux autres lieux, mesmement en ceste là, où l'on observe fort exactement ce qui est de l'antiquité.

Quant est hommes, tant riches comme pauures, ils portent par la ville pareil habit, sçauoir vne robbe longue de simple serge noire, auec vne ceinture de cuir large de deux ou trois doigts pardessus icelle, & attachée à vne boucle de fer, ou vn anneau de corne noire; combien que depuis peu la corruption du temps ait apporté que quelques-vns portent la ceinture de veloux noir auec la boucle d'argent, & vn gros fer aussi d'argent à l'autre bout: & sous cét habit sont vestus bien ou mal selon leurs moyens, mesmes d'estoffes de soye, & aucuns de diuerses couleurs qui ne paroissent par la ville, ains seulement en leurs maisons, où ils portent des robbes de chambre, & sont fort en ordre. Dauantage lesdites

L

robbes qui se portent par la ville, doiuent estre fourrées depuis la my-Septembre iusques au iour de l'Ascension que tous quittent la fourrure & les portent simples, qui est leur ancienne institution, que tous obseruent, ou autrement seroient marquez, & en auroient reprimande.

Vray est que quand le temps ne permet vser de fourrures, ils en ont seulement vn petit iect qui paroist au bord de leur robbe, peur de contreuenir aux ordonnances. Auec cela, ils ne portent point de souliers ny d'escarpins, ains des pantoufles fort basses de liege, & vn petit bonnet de laine en forme de calotte toute ronde; dont les plus muguets replient pour gentillesse le bord par dedans du costé droict, & le portent panché sur l'oreille, ainsi qu'ailleurs aucuns portent leur chapeau de costé, & le bord d'iceluy releué par dehors.

Habits des femmes à Venize.

Es Venitiennes ont leurs habits aussi estranges que les hommes: elles sont bien somptueusement vestuës d'étoffes de foye fort riches & de toutes couleurs : mefmes qu'elles fouloyent porter des robbes de drap d'or, finon depuis vne deffenfe qui en fut faite : mais encores à prefent aucunes, faifans fraude à la loy, portent quelques fois des robbes de crefpe de couleur fort clair, & au deffous ont des cottes de drap d'or, qui paroift facilement à trauers.

Quant à la façon, elles ont leurs robbent efcarrées égallement deuant & derriere, peu plus que la hauteur de l'aiffelle, de forte qu'elles ont prefque tout le tetin dehors & découuert, finon qu'elles portent fur le col vn cambray bien délié, ou vn crefpe clair, foit blanc, noir, ou de couleur, au trauers duquel la chair fe void fort aifement. Et pour fe monftrer de plus haute taille, font le corps fort lõg, defcendant demy-pied, ou au moins vn dour au deffous de la hanche, & prés le mouuement de la cuiffe, auec vn bufte deuant qui deuale en pointe, iufques au milieu des cuiffes, puis empruntãt le refte de leur taille du cordonnier ont des patins hauts d'vn pied, & aucunes dauantage, pour donner la proportion du corps au

L ij

reste, à ceste occasion elles marchent malaisement, & grauement, & ont par la ville & aux festins de grandes queuës trainantes de leurs robbes de la longueur d'vne aune & plus, à la façon des Princesses en France: & s'il y a mauuais chemin vne seruante les suit portant cette grande queuë de robbe, mais en la maison elles l'ont attachée à la ceinture. Laquelle façon de longue queuë est ordinaire en plusieurs lieux d'Italie, mesmement aux femmes de moyenne qualité: mais en nul lieu sinon à Venize & à Rome les femmes ne portent des robbes escarrées, ains à haut collet, & fermées iusques au dessus du tetin: & pour l'ordinaire, à Rome elles affectent en robbe la couleur violette dont sont habillez les Cardinaux. Ce qui se trouue plus difforme en ceste sorte d'habit des Venitienne, c'est la disproportion oculaire & euidente de tout le corps, à la petitesse des bras, lesquels n'arriuent de la main que peu plus bas que la ceinture.

Habits des femmes à Lanebourg.

AV contraire les femmes de Lanebourg, qui est au pied du mont Senis, portét leurs robbes fort haut, & écarrées au dessus de l'espaule, & n'ont le corps plus long que trois doigts par derriere, & peu dauantage par deuant, lesquelles sont toutes de gros drap ou serge, & y font entrer tant d'estoffe, que les espaules sont toutes chargées de plis rangez en tuyaux d'orgues, & ont leurs habits courts de terre enuiron d'vn pied, & sur ceste robbe portent des ceintures de veloux noir large de deux doigts auec boucles & cloux de cuiure doré, n'y ayant là aucune femme de qualité.

De Tocques & Bonnets carrez.

IL n'y a par toute l'Italie autres que les gens d'Eglise qui ayent le bonnet carré, lequel ils portent tousiours par la ville, tout le reste, soit la Noblesse, hommes de robbe longue, ou le commun peuple, portent des tocques de veloux, & les moindres en portent de taffetas, de camelot, ou de laine, & ne portent des chappeaux sinon quand il pleut fort, ou bien quand ils vont sur les champs.

Du visage des femmes découuert.

IL n'y a aucune distinction d'habits, comme en France entre les Damoiselles & Dames: la coiffure est pareille, & ne vont le visage couuert, sinon à Venize, où les non mariées portent vn long voile de crespe noir sur leur teste, venant couurir le visage, & voyant à trauers sans estre veuës; mais à Ferrare elles portent seulement la moitié du visage couuert, en tous les autres lieux d'Italie elles vont toutes le visage découuert.

Des femmes & filles allans par la ville.

LA coustume est par toute l'Italie que les femmes allant par la ville, les filles vont deuant, les plus ieunes mariées suiuent, & les meres apres, puis les seruantes: & marchent toutes fort grauement. Mais si ce sont femmes de moyens & qualité, il marchent deuant elles vn seruiteur bien honnestement habillé, qui leur sert d'escuyer.

Du salut & reuerence que font les femmes.

LEs femmes ne font la reuerence que l'vne à l'autre, & non aux hommes; si ce n'est à personnes de grande qualité ou qu'elles respectent, comme vn proche parent : mais si c'est vn simple Gentil-homme qui les saluë, elles ne luy font seulement que encliner la teste. Encores font elles moins à Florence, car elles ne resaluënt point du tout les hommes, ains suffit de les regarder, qui est autant qu'en autre lieu rendre le salut entier.

De la salutation entre les hommes.

CEluy qui passe par vne ruë s'il rencontre vn autre auquel il defere beaucoup, il s'abbaisse de fort loin, luy cedant le dessus, & selon qu'il veut luy monstrer de reconnoissance & affection, il encline plus ou moins la teste en saluant, pour signe d'humilité.

De la salutation à Venize.

A Venize pour denoter plus d'affection enuers leur amy qu'ils rencontrent par la ville, ils ostent leur bonnet de la main droicte, puis en enclinant la teste ils mettent la main gauche sur le cœur, comme chose dont ils font offre.

Du lieu plus honorable allant en compagnie par la ville.

SI trois personnes vont ensemble par la ville ou autre lieu, & mesme s'ils se proumenent en vne sale, l'honneur est de donner le milieu à celuy qui est de plus grande qualité : de sorte qu'en vne ruë celuy qui est au dessus, & proche de la muraille, n'est en lieu si honorable que celuy qui est au dessous de luy, c'est à dire au milieu, & s'ils ne sont que deux en vn lieu indifferent, comme en vne grande place où on ne puisse remarquer

le

le haut ny le bas, pour preeminece l'honneur est de ceder la main droicte, afin qu'elle demeure libre à celuy que l'on veut respecter, & principalement entre ceux qui portent l'espée, sinon qu'il face grand soleil: car en ce cas la ciuilité veut que l'on cede le costé de l'ombre.

Coustume de se faire porter en chaire par la ville de Naples.

A Naples n'y a aucuns portiques comme en la plus part des villes d'Italie, la coustume est d'y en auoir, ains sont les ruës toutes découuertes, & les maisons à pied droict, à la façon de celles de France: neantmoins ils ont trouué vn moyen dont ils vsent pour ne sentir l'incommodité des changemens de temps, tant pour éuiter le soleil, que la pluye, le vent & les fanges, comme aussi pour aller où bon leur semble sans estre veus. Car en la plus part des coins des ruës il y a des hommes mercenaires, comme portefaix, qui ont des chaires à brancards couuertes de serge noire en voûte ou pauillõ, n'y ayant que le deuant ouuert; & au moin-

M

dre signal qu'on leur faict de loin, ils viennent aussi-tost auec leurs chaires trouuer ceux qui les appellent, lesquels sans autre chose dire se mettent & assisent dedans icelles, & s'il leur plaist font rabatre le rideau de deuant pour estre cachez & à couuert, ou bien le laissent entr'ouuert, pour voir par le chemin sans estre veus, & ordinairement sont tout à découuert: les deux hommes leuant les brancards, on leur dit le quartier ou la ruë que l'on veut aller, & y estant on leur nomme ou leur monstre la maison; & ainsi on y arriue à pied sec, sans incommodité de l'iniure du temps, soit du soleil, de la pluye, ou du vent; & voyent vn chacun sans estre veus d'aucun, s'il ne leur plaist. Quant au payement on leur baille fort peu, & y a presque vn pris certain selon la longueur du chemin. Voila les delicatesses que l'Espagnol a apportées en ce païs.

De la coustume d'aller par eau en gondole par toute la ville de Venize.

A Venize il y a encores plus grande commodité d'aller par la ville, par le moyen des canaux de mer qui passent quasi par toutes les ruës, & presque châcune maison a sa gondole pour se faire conduire, quand ils ne veulent aller par terre : & outre ce y a en plusieurs lieux ça & là, des hommes gaigne-deniers auec leurs gondoles, qui au moindre signal viennent promptement trouuer ceux qui en ont affaire, & les ayant receus dans leur gondole, les menent où on leur dict, & sçait-on à plus pres ce qu'on leur doit donner, ou bien on marchande à eux.

Des gondoles de Venize.

LA gondole est vn fort petit batteau, bien proprement faict, noircy ou autrement peint par dehors, au milieu duquel y a vne petite cabane bien belle par dedans, & accommodée de sieges polis, couuerte de serge noire par dehors

& au bas de toute la gondole y a vne toile blanche estenduë, (que l'on change souuent) sur laquelle on marche : & n'est permis (sinon à la Iustice) quand vn homme est dedans, & a rabatu la serge qui couure & clost l'entrée de la cabane, d'aller leuer la couuerture, & voir qui est dedans, ains est si expressement deffendu, qu'il y va de la vie de celuy qui auroit tant entrepris.

Du signal pour appeller, parler, ou dire iniure par signe.

D'Autant que i'ay cy-deuant dict que de loin on fait le signal aux porteurs de chaires à Naples, & aux Gondoliers à Venize; Ie ne veux obmettre que pour appeller vn homme par signe, il se faut bien garder d'en vser à la façon de France : car si on faisoit le signe du doigt ayant la paulme de la main contremont, ce seroit vn grand mespris & signification d'injure : mais pour appeller on estend seulement la main, tournant la paulme contre-bas, & ainsi on la branle & remuë comme attirant à soy ceux que l'on appelle. Aussi quand aucuns s'attaquent de paroles, celuy qui veut faire plus de despit & monstrer dauantage de mespris, il met le poing de sa main gauche sur le ply du bras droict, lequel il courbe leuant le mesme bras, & monstrant le poing aussi fermé, qui est vne injure plus grande que tout ce que l'on pourroit proferer: car cela signifie *coione*, qui est autant à dire, comme vn homme de neant: mesmement à Venize ceste injure est plus grande qu'en autre lieu, parce que c'est vn epithete que l'on donne ordinairement aux Venitiens, comme à gens oysifs & de peu d'effect.

Du jeu de la paulme & du ballon.

L'Exercice de la paulme n'est ordinaire ny mesme guere cogneu en Italie: de sorte que je n'y ay veu que deux jeux de paulme, l'vn à Ferrare, & l'autre à Tyuoly, qui furent tous deux bastis par le feu Cardinal Hipolyte d'Este, & y en a aussi à Thurin qui tient cét exercice de la France, dont il est voisin: mais au lieu de cela, l'Italien a le jeu du ballon & autres exercices, comme de voltiger & manier cheuaux, qui est plus ordinaire & frequent à ceste nation qu'à nulle autre.

De la façon de viure & traictement de l'Italien

LA façon de viure de l'Italien est de disner legerement, & tenir longue table à souper: il fait le matin les principales affaires iusques à midy, & ne disne point plustost, soit Esté ou Hyuer, sinon és grandes maisons : puis il donne le reste du iour à choses moindres, ou à son plaisir, iusques au soir : car nul ne souppe en Esté qu'apres soleil couché, & à la fraischeur, ayant fait leur proumenoir deux heures auant, & en Hyuer à trois heures de nuict.

De la Salade.

LEs anciens auoient accoustué d'vser de salades à l'issuë du repas, mesmement de laictuës, comme témoigne Martial; & selon l'opinion d'aucuns, parce qu'elles rendent le sommeil plus facile: En France on la mange au milieu du repas, & auec la viande, de peur de refroidir trop l'estomach la prenãt au commencement; ou d'humecter trop le cerueau par les fumées & vapeurs qui montent de l'estomach quand on en vse à la fin du repas: Mais en Italie elle fait l'entrée de table, soit Esté, soit Hyuer, & est mangée la premiere auant les potages ny autres viandes, pour apporter plus de rafraichissement à cause de la temperature du païs & des hommes, laquelle est diuerse de la nostre.

Du pain.

Tout le pain qui se mange és Villes est blanc, & de fleur de farine; les Boulangers n'en font point d'autres, n'y ayant aucune difference de celuy des plus pauures du commun peuple, & de celuy que mangent les riches & Seigneurs, sinon que aux maisons qui ont grande famille on en fait de moindre pour le train, mais pour le plus ordinaire, les seruiteurs & seruantes mangent mesme pain que les maistres ; & sur les champs les Villageois mesme n'en font pour eux de si noir ny si rude, comme en France.

De la coustume de mettre sur table le vin, l'eau, & les verres.

SVr chacun bout de la table, & aussi au milieu, si elle est longue, il y a deux vaisseaux de beau verre clair, en forme de bouteille ronde, qu'ils nomment en quelques lieux *Boccale*, & en autres *Anguistara*, qui a vne patte, & vn long col, par lequel on les prend, dont l'vne est pleine de vin, & l'autre d'eau, & les verres sont rengez auprés, afin que chacun qui a soif se verse soy-mesme à boire, & mette de l'eau à sa fantaisie : Ce qui s'obserue par tout, mesmes aux plus grands festins.

De presenter la viande à table.

C'Est chose peu vsitée de presenter à table les vns aux autres, & mesmes suspecte, sinon entre personnes bien familieres, ou éloignées de la viande que l'on l'on découpe, à laquelle on ne touche nullement de la main, ains seulement auec des fourchettes : puis l'ayant découpée & rangée proprement, l'ordinaire est de mettre le plat au milieu, ou deuant ceux que l'on void estre de plus grande qualité, afin que chacun en prenne par où il luy plaist.

De presenter du sel.

L'Italien est fort delicat en l'obseruation de beaucoup de petites ceremonies qu'il tient pour honnestetez: comme estant à table, il repute à grande inciuilité, & mesme estime à injure de presenter du sel à vne personne ; mais s'il s'auance d'en prendre, on luy doit seulement approcher la saliere, car autrement cela leur signifie appeller vn homme fol.

REMARQVES DE QVELQVES DIFFERENCES PARTICVLIERES, ENTRE LES GVELFES & Gibellins.

LEs deux factiõs de Guelfes & Gibellins, qui ont long-temps regné & presque ruiné toute l'Italie, ne sont encores tellement esteintes, qu'il n'en soit hereditairement demeuré quelques remarques particulieres entre les familles, qui comme par tradition ou exemple de leurs ancestres, retiennent & suiuent des traces qui font tacitement re-cognoistre vne difference entr'eux, dont ie coteray icy quelques particularitez.

Des cuilliers, cousteaux, & fourchettes.

Qvand on va chez vn Seigneur, ou en quelque autre maison de remarque sur l'heure du disner, si on void la nappe mise, la table dressée preste à seruir, on cognoist aussi-tost quel party on y tient, car aux maisons des Guelfes on met les cousteaux, cuilliers & fourchettes en long, à costé droit de l'assiette; & chez les Gibellins on ne les met ny à droit ny à gauche, mais en trauers, plus auant en la table, & joignant les assiettes: & se nourrissent encores telles obseruations dans les familles, qui seront quelque iour cause de leur ruine, dont ils entretiennent le sujet, en danger d'en voir les effets au premier feu qui sortira de sous cette cendre où il se garde.

De l'entamure du pain.

EStant à table, le Guelfe entame son pain par le costé, & le Gibellin par dessus, ou par dessous, & le plus ordinairement par le milieu au dessus du pain, dedans lequel il picque la pointe & va comme pelant la crouste, & cernant tout au tour.

Du coupper de l'orange, de la pomme & de la poire.

LE Guelfe coupe l'orange en Soleil, c'est à dire en trauers, & le Gibellin en long. Et au contraire le Guelfe coupe la pomme & la poire en long de la queuë à venir à l'autre bout, & le Gibellin les coupe en trauers.

Du pennache au bonnet.

DAuantage soit en assemblée, par la ville, ou en autre lieu, on cognoist incontinent les vns d'auec les autres, par le moyen du pennache, car la pluspart

N iij

(sinon ceux de longue robbe) portent au bonnet la plume noire ou de couleur; sçauoir les Guelfes à costé droit, & les Gibellins à gauche.

Du bouquet que porte la femme.

LEs femmes obseruent tout le contraire, les Guelfes portent le bouquet à costé gauche, & les Gibellines à costé droit.

LA BIANCA.

Ceux qui ont volonté de vendre quelque chose de prix, dont ils ne trouuent aisément à se deffaire, vsent du moyen de la BIANCA, soit pour vente d'armes, bagues & joyaux, maisons, moulins, & autres heritages, lesquels ils font estimer à leur iuste valeur, par gens ordonnez de Iustice, ou bien si ce sont biens de pauures mineurs que l'on veille faire valoir, ils sont estimez au plus haut, puis est mise vne affiche sur vn tableau de bois en vn lieu public, contenant l'inuentaire de tout, auec l'estimation de chacune chose : & est chacune voix taxée à vne, deux, ou trois realles, pour monter iusques au nombre deux ou trois mille billets, plus ou moins,

reuenant au payement entier de l'estimation, & prisage qui en a esté fait. Ceux qui vont acheter des voix, tirent autant de billets auec leurs nombres, tous semblables à ceux qui demeurent à la BIANCA, & y mettent quelques deuises pour empescher la tromperie qui se pourroit faire. Quand le nombre parfaisant la somme est tout remply, (ce qui tarde quelquesfois six mois, vn an, deux ans) on remué fort tous ces bulletins qui sont roullez, & mis en vn grand vase de verre, & d'autre part on a vn autre grand vase semblable, remply de pareil nombre de bulletins en blanc, parmy lesquels y en a seulement aucuns, ausquels sont écrits les noms de l'vne des choses estimées qu'on appelle *gratie* ou bien *fauori*; & le tout étant bien remué ensemble, on prend iour de tirer la BIANCA en vn lieu grand & capable, pour receuoir tous ceux qui y veulent aller, soit pour leur interest, ou seulement pour voir : Et là y a vne table sur laquelle on met les deux vases de verre, & vn ieune enfant au milieu, lequel met les mains dedans, qu'on luy void à trauers prendre les billets, dont il
en

en tiré vn de chacun cofté tout en mefme temps: puis les baille deça & dela à deux hommes qui font aux deux bouts de la table, dont l'vn lit tout haut le nombre du billet qui luy eft baillé, & l'autre ne trouuant rien efcrit en celuy qui luy a efté mis en main, il dit tout haut, Biancha, & le defchire.

Continuant cela, s'il aduient vn nombre, & que de l'autre cofté il fe rencontre vn billet où foit efcrite l'vne des graces on lit tout haut ce qu'elle contient: & lors vn Greffier efcrit le nombre efcheu, & la grace qui eft arriuée: puis le lendemain on deliure à chacun ce qui luy eft aduenu par le fort, rapportant le billet qu'il a de pareil nombre auec fa deuife de la main de celuy qui deliuroit les billets: & fi ce font heritages, la Iuftice en ordonne acte public à celuy qui a gaigné, pour luy feruir de titre à l'aduenir.

Argent public dedié pour prefter aux Efcoliers & aux pauures.

A Venize y a des deniers communs qui ne font deftinez que pour furuenir &

ayder aux Escholiers, & aux paunres gens, qui ont volonté de s'aduancer par quelque trafic, & n'ont moyen de ce faire, comme quelques-vns qui sont nouuellement en mesnage, & desirent profiter, ou bien ceux qui sont pressez de debtes, & ne veulent vendre leurs meubles ou heritages, esperant auec le temps recouurer deniers pour se desengager: lesquels remonstrant à ceux qui en ont charge le besoin qu'ils en ont, & leur intention d'employer l'argent, on leur en fait deliurer telle somme qu'ils veulent demander, laquelle leur est prestée pour vn an sans aucun profit, baillant des gages estimez de la valeur de la somme qu'ils prestent: lesquels à faute de retirer & faire le remboursement dedans ledit an, sont vendus au plus offrant, & ce qui s'en tire dauantage est rendu a celuy auquel les meubles appartenoient: ce qui est aussi (auec pareille charge & condition) pour tous Escholiers qui en ont affaire ne pouuant si tost receuoir leur quartier.

Argent public destiné pour marier des filles.

IL y a aussi à Venize vne autre belle institution, & des Officiers qui en ont la charge: qui est que quand il naist des filles, le pere ou les parens mettent le iour mesme ou peu apres leur naissance quelque somme de deniers, telle qu'il leur plaist, au thresor dedié pour le mariage des filles, dont on leur rend le profit à cent pour cent auec le principal, lors qu'on les veut marier, soit tost ou tard, ainsi qu'il plaist aux peres, meres, & parens: de sorte que de cent escus que l'on baille pour vne fille, si on attend à la marier iusques à l'âge de vingt ans, il luy sera deu deux mil escus, qui luy seront deliurez dudit Thresor: & ainsi plus ou moins selon la somme qui aura esté baillée pour elle, & selon le temps qu'on aura attendu à la marier.

Mais si la fille meurt à quelque âge que ce soit sans estre mariée, il n'est rien deu, & ce qui a esté baillé par les parens demeure acquis au Thresor. Et dautant qu'il en meurt beaucoup plus auant l'âge de mariage, qu'il n'en rechappe pour gaignér leur dot; de là se faict vn fond qui suffit à l'interest & profit pour marier les autres, & s'il n'y a dequoy y satisfaire, la Seigneurie est tenuë de fournir deniers en pour le surplus: mais tāt s'en faut qu'on vienne-là, qu'au contraire il y a tousiours fond, & s'en tire des deniers dauantage qu'il n'en faut, lesquels on garde au Thresor, & en temps de cherté sont distribuez en ausmones aux pauures.

Ceste institution semble estre tirée d'Ausbourg, qui a vne bourse commune où on met des deniers à vie, dont l'interest est fort grand & haut; c'est à sçauoir selon l'âge & disposition de celuy qui les baille: car s'il est de moyenne âge, & bien dispos, le profit est au denier six, sept ou huictiesme, selon que l'on conuient: & s'il est vieil & caduc, au denier trois, quatre ou cinquiesme, dautant qu'il a moins à viure, & que par la mort la rente demeure esteinte & amortie, & le principal acquis à la bourse: d'où vient qu'il y a vn grand fond. Et ceux qui n'ont argent baillent des heritages qui par leur mort sont aussi acquis à la bourse commune, mais s'il viuent long-temps, ils en tirent en trois ou quatre ans autant d'intereſt que vaut le principal : qui eſt vne fort grande commodité de viure à ceux qui ont peu; & principalement à ceux qui ſont vieux lors qu'ils acquierent ſur ladite bourſe, leſquels ne pouuant plus manier leur bien, le laiſſent és mains de ceſte communauté, qui le faict beaucoup valoir durant leur vie. Ce qui n'eſt permis ſinon à ceux qui n'ont point d'enfans pour le danger qui en pourroit enſuiure, maintenant cela eſt permis à toutes perſonnes indifferemment, ſoit qu'ils ayent enfans ou non. Neātmoins de ceſte cōmodité aduiēt vn autre mal, qui eſt que celuy qui demande à tenir bonne maiſon, & faire grande chere, ne craint, quand il ſe ſent ja vieil & ſans enfans, de mettre tout ſon bien en ladite communauté, voyant qu'au lieu de mil liures par an que pourroit valoir ſon reuenu auec toute la diligence qu'il y pourroit apporter, il en tire par ce moyen plus de ſix mille, ſans auoir peine, ny eſtre ſujet à greſle, diminution, ny autre perte : & par ainſi les

heriters se voyent dés son viuant fru-
strez de leur droict & attente, ce qui
cause de grandes inimitiez entre les proches parens. Mais de l'institution de Venize pour les mariages il ne s'en ensuit
que tout bien & commodité.

Da dot que le Pape donne tous les ans à cent pauures filles.

LE Pape a coustume d'aller tous les
ans sur vn mulet ou en lictiaire en
l'Eglise de la Minerue à Rome. Et là
celebre la Messe, durant laquelle il fait
vne pause pour receuoir cent gentils-
femmes Romaines qui viennent l'vne
apres l'autre luy presenter chacune vne
pauure fille, pour luy ayder de moyens
à la marier : dont vne partie sont tirées
des hospitaux des pauures de l'aumosne,
& enfans trouuez (desquels il sera parlé
cy-apres) qu'elles ont prises pour seruantes, & les ont esleuées & instruites. Le
Pape les ayant toutes receuës, leur ordonne à châcune cent escus, qui sont
apres deliurés à celles qui les ont presen-
tées : & de cét argent, & autres biens-

faicts qu'elles peuuent auoir, ces Matrônes prennent soin de les marier.

Apres la Messe le Pape retournant en sa maison est monté sur vne haquenée blanche, ou si la vieillesse ne luy permet d'aller à cheual, il se met en lictiere, & deuant icelle on mene en main la haquenée blanche.

De la suite qu'a le Pape, i'en ay parlé en autre lieu.

Des Enfans trouuez.

PAr toutes les villes d'Italie y a des hospitaux fondez de reuenu pour la nourriture des bastards, qu'il appellent *enfans trouuez*, à distinction des bastards aduoüez, ou dont on cognoist le pere, ou la mere: ce que nous appellons *exposez*. Lesquelles fondations sont pour empescher les malheurs & inconueniens de celles qui par desespoir, & pour ne se découurir, ou faute de moyés, fontesteindre leurs enfás: & ausdits hospitaux y a dedás la muraille respondant en la ruë, vn tournoir de la façon de ceux des Religieuses; mais plus grand dedans, lequel y a des oreilles attachées; & celles qui ont fait faute portent ou enuoyent secrettement & de nuict leur enfant dedans ledit tournoir, luy donnant vn demy tour pour le mettre au dedans, & au premier cry qu'il faict est recueilly par ceux de dedans, qui luy trouuent vn billet attaché qui porte s'il a esté baptisé ou non, & s'il l'a esté y escriuent son nom: mais le plus souuent on les y porte sans baptiser, auec vn billet portant le nom que le pere & mere desirent qui luy soit donné, afin de le pouuoir quelque iour reconnoistre, & le retirer si bon leur semble pour l'esleuer, soit en l'aduoüant, ou le prenant par charité comme estranger s'il ne veulent découurir à qui il est.

Au reste, de tous ceux que l'on y porte il s'en tient registre, du iour, heure, & du nom de luy & de la nourrice, à laquelle on le baille à allaicter. S'ils ne sont retirez par les parens on les enuoye quand ils sont vn peu esleuez aux hospitaux des garçons ou des filles, où on les instruit à ce qu'on les iuge plus propres: & y a quelquesfois des personnes qui par charité & aumône en choisissent ceux qui
leur

leur semblent de meilleure façon, & en retirent en leurs maisons pour esleuer & instruire, soit fils ou fille, qui bien souuent sont les peres mesmes. Mais quand on demande des filles, elles ne se baillent qu'aux femmes reconnuës sages & de qualité, lesquelles s'en chargent, pour empescher les abus qui en pourroient aduenir quand elles seroient plus grandes. Et dautant que l'on ne sçait à qui sont les enfans ainsi apportez, & exposez, on les appelle *Enfans trouuez*.

Du Siege vacant à Rome.

A Rome quand vn Pape est mort, tous les Cardinaux se retirent aussitost, & se reserrent ensemble dedans le Conclaue, qui est vne grande salle du palais du Vatican, en laquelle on porte leurs licts, & ont en icelle châcun vne petite espace en quarré, n'estant separez les vns des autres, que d'vne tapisserie tenduë, & n'ont que chacun vn seruiteur. Les trois premiers iours sont employez pour les funerailles & seruices du defunct: lesquels expirez, ils se renferment tous ensemblé dedans ladite salle du Conclaue où ils sont tellement reserrez & obseruez de pres, que non seulement ils ne peuuent pour quelque necessité qu'ils ayent sortir de là dedans (sinon pour vne maladie extréme à la mort) mais aussi ne leur est permis de parler à homme du monde, n'y à aucun de dehors de leur dire vn mot, pour la crainte qu'ils ont des brigues & menées : & celuy qui seroit sorty par maladie n'y peut plus rentrer. Ils ont 5. iours pour élire vn Pape, & à faute de ce faire dedans le temps prefix, on leur retranche tous les iours leurs viures, voire iusques à telle extremité qu'on les reduit quelquesfois à mourir presque de faim, pour les contraindre de haster l'ellection: & cependant la porte de ladite salle demeure condamnée, fors qu'au milieu d'icelle y a vne petite fenestre que l'on n'oure qn'aux repas pour receuoir leurs viandes que leurs seruiteurs apportent, lesquelles on visite & taille en pieces, & le pain en menus morceaux, le vin mis en bouteilles de verre transparent, pour doute qu'il n'y ait quelques lettres ou billets cachez : de tout quoy on leur en baille seulement vne partie du poids qui est ordonné de iour en iour par la reduction de moins en moins, n'onobstant laquelle on a veu quelques creations durer pres de trois mois combien qu'elles ne passent gueres quinze iours, & quelquesfois sont soudaines. Quoy que soit on leur continuë ceste rigueur tant qu'ils ayent éleu vn nouueau Pape.

De l'estat de la ville de Rome durant le Siege vacant.

Durant le Siege vacant la Iustice n'a aucun lieu dedans Rome : de sorte que pendant ce temps se faict infinies tueries, assassinats, & assauts de maisons en plein iour pour inimitiez particulieres, & lors nul ne se peut dire à seureté qui a vn ennemy en Rome; car les massacres passent impunément sans recherche de ce qui a esté commis durant ce temps, iusques à la nouuelle ellection d'vn Pape: Puis aussi-tost qu'il y en a vn creé on ouure la salle du Conclaue, & tous les Cardinaux auec le Pape nouueau descendent en l'Eglise Sainct Pierre, où ils vont remercier Dieu, & apres reconduisent le Pape en sa chambre, où ils prennent congé de luy, & se retirent chacun en leurs maisons.

Mais tandis que cela se faict, le bruit court par toute la ville qui est le Cardinal qui a esté creé Pape, lequel ayant sa demeure au Palais du Vatican, la maison qu'il auoit dedans Rome demeure en proye au peuple, qui y court de tous costez, & là dedans, rompt, pille, emporte, & rauage tout ce qui s'y trouue : de sorte que l'on ne voit que vaisselles d'argent, tapisseries & autres meubles que chacun rauit & emporte, estant tout ce butin appartenant aux plus forts.

Cela finy tout retourne à son premier estat ainsi que deuant, sans auoir égard à ce qui s'est passé durant le Siege vacant. Toutesfois depuis quelques années telles coustumes ont esté moderées par quelques Papes, mesmement par Pie V. De sorte que la Iustice reprenant son authorité, empesche les assassinats que l'on souloit faire : neantmoins il se commet encores plusieurs violences que l'on n'a peu toutes oster de ceste premiere liberté tant effrenée.

Des gageures qui se font en Banque sur la creation du nouueau Pape, & sur la promotion des Cardinaux.

PEndant que toutes choses passent, il se faict des gageures sur la creation du Pape qui doit estre, & pour cét effet on s'assemble au lieu de la Banque, où se trouuent tous ceux qui ont volonté de faire gageures: & dautant qu'il y a tousjours cinq ou six Cardinaux, desquels on juge que l'vn d'eux pourra estre creé (ce qu'ils appellent en vn mot *Papeggiar*)les seruiteurs de ces Cardinaux, ou autres leurs amis gagent volontiers dix, vingt, & trente mille escus que leur maistre, ou amy ne sera point Pape ; ce qu'ils font souuent par personnes interposées ; mesmes qu'vne grande partie de telles gageures sont des deniers du Cardinal sur lequel est la gageure faite, & demeurent consignez à la Bāque. Mais quelques-fois quand il y a plus de doute sur la creation de celuy qu'ils desirent, ils mettent dix mille escus contre mille, sçachant bien qu'ils ne peuuent perdre, parce que perdant leur consignation, ils gagnent beaucoup par leur perte si leur maistre est faict Pape, duquel ils esperent le centuple les faisant Cardinaux, Euesques, ou Abbez. Apres la creation on deliure les deniers consignez à qui les a gagné, rapportant le bulletin de la gageûre, dont les consignations montent quelquesfois vn million d'or & plus: Puis quand les Quatre-Temps approchent, il se faict aussi des gageures (mais non si hautes) sur la creation des Cardinaux, que fera le Pape à la premiere promotion.

De l'Eglise & Religion des Grecs.

IL y a près de Rome, dedans Naples, & à Venize des Eglises des Grecs, qui chantent la Messe, & font tout le seruice en langue Grecque ancienne qui est du tout differente de la vulgaire qu'ils parlent à present; & neantmoins est entenduë de plusieurs d'entr'eux qui sont curieux de sçauoir la langue en laquelle ils prient Dieu: n'y ayant entre icelles que les terminaisons semblables, & les characteres dont ils escriuent, mais les mots sont si éloignés qu'à peine on en peut reconnoistre cinquante approchans de l'ancienne langue, & que l'on puisse dire en estre deriuez. Ils ont quelques ceremonies differentes de l'Eglise Romaine, combien qu'ils se dient & soyent tenus de mesme creance & religion, & que comme tels ils reconnoissent le Pape.

Toutesfois ils nient le purgatoire, & tiennent pour vn des poincts de la Religion, de n'auoir en leurs Eglises aucunes Images taillées, ny esleuées en bosse; mais seulement des peintures plates, où y a des Crucifix representé. A ceste occasion ils n'vsent point d'hostie à la celebration de la Messe, ains seulement de la fracture du pain que le Prestre rompt par morceaux : aussi ne font ils point d'esleuation, mais le Prestre ayant tourné trois fois autour de l'Autel, portant ce pain à couuert sous vn linge, il se retire derriere ledit Autel, y ayant vn rideau qui empesche qu'il ne soit veu : & là derriere apres la fraction du pain par luy faicte, il en mange vn petit morceau, & enuoye le reste au peuple qui y assiste; puis est distribué à chacun par toute l'Eglise, tout ainsi que nous voyons donner le pain benist. En l'Eglise y a vne cloison à main gauche qui regne depuis la porte iusques vers l'Autel, estant comme vne chambre à part, en laquelle sont les femmes sans voir les hommes: par ce moyen les hommes sont aussi à part sans voir les femmes: ayant neantmoins tous veuë sur l'Autel; ainsi qu'aux Eglises ceux qui sont dedans le chœur, & ceux qui sont à l'entour dedans la petite nef, ne se voyent l'vn l'autre, & voyent également sur l'Autel: car ils n'approuuent point ce que nous faisons, admettant hommes & femmes, promis-cuement dans les Eglises.

Quant aux habits & ornemens de l'Eglise, ils ne different point de ceux de l'Eglise Romaine: neantmoins leurs Prestres sont mariez.

Des Iuifs & de leurs Eglises.

EN toutes les principales villes y a vn quartier dedié pour la demeure des Iuifs, dont y a grand nombre par l'Italie
à cause

à cause que le Pape leur permet l'exercice de leur Religion, & mesmes de resider dedans Rome, dont il tire grand tribut d'eux. Ils demeurent tous ensemble en vn lieu enfermé de hautes murailles, dont le circuit ne touche aux maisons de la ville, & sont là dedans reserrez comme en vn cloistre pour estre separez d'auec les Chrestiens, auec lesquels ils n'ont communication sinon le iour pour leur trafic. Ce lieu de leur demeure est fort grand & spacieux, y ayant en iceluy plusieurs petites ruës & places.

A Venize on l'appelle *il Gaetto*, & aux autres lieux *la Giudeca*, où on les enferme tous les soirs, & n'en peuuent sortir le matin qu'à certaine heure, iusques au soir qu'ils se doiuent retirer, & estre tous rendus là dedans auant que vingt-quatre heures sonnent qui est vne heure auant la nuict fermée : autrement ils seroient mis en l'amende : & s'il estoit iour clos, qu'ils fussent trouués de nuict par la ville, ils seroient punis corporellement.

Leur Eglise est parmy eux, dedans le circuit de leur demeure, & en icelle y a vne grande quantité de lampes allumées,

Q

& penduës au plancher, & contre les posteaux, & aux murailles tout au tour: à vn bout y a vn Autel enuironné de lampes ardentes, & suspenduës; au tour duquel y a vne petite closture de bois à claire voye, en forme de barreaux, ainsi qu'vn parquet, lequel est comme le Chœur du Temple; dedans & hors iceluy parquet y a plusieurs longs bancs & selles.

Quand ils arriuent en ce Temple ils n'ostent point leurs bonnets, au contraire ils se couurent la teste d'vn voile estans sur le sueil de la porte, & premier que d'entrer; & vont à costé de ladite porte, derriere laquelle y a vn vaisseau plein d'eau auec vne petite fontaine ou canelle au bas, là ayant laué leurs mains en entrant, & essuyées à la seruiete qui est penduë, ils se vont seoir: mais y allant, & aussi quand ils sont assis, ils remuënt la teste dandinant de costé & d'autre, & chantent tous ensemble en Hebreu, puis continuënt ce mesme chant sans plus branler ainsi la teste. Ie ne diray autre chose de leurs ceremonies & poincts de leur Religion, sinon qu'ils sont encores attendás la venuë du Messias, qu'ils disét n'estre encores venu au monde comme il a promis; dénians que ce soit IESVS-CHRIST, qu'ils ne veulent reconnoistre pour Fils de Dieu : Et cependant ils gardent l'ancienne Loy de Moyse, ne mangeant jamais de pourceau, qu'ils estimeroient vne tresgrande offense à Dieu, & trangression de la Loy qu'ils obseruent fort exactement.

Ils chomment aussi le iour du Sabbat, lequel ils commencent dés le Vendredy au soir apres les vingt-quatre heures, qui est leur coustume de compter les iours, & commencer par le soir, ainsi que i'ay dict cy-deuant parlant de la difference des iours : & se fondent sur le passage de l'Escriture, qui dict en Genese *factum est vespere & mane dies vnus*. Et en l'obseruation du Sabbat sont tellement exacts, que pour ne rien faire ce iour-là (qu'ils donnent tout à leurs ceremonies de seruir Dieu à leur mode) ils font cuire leur viande dés le Vendredy ; & tiennent prest tout ce qui leur est necessaire pour le lendemain, afin de ne mettre la main à l'œuure le iour du Samedy.

Ils commencent donc leur semaine par

le Dimanche, lequel n'est chomable par leur Religion, puis qu'ils ne reconnoissent la venuë de Iesus-Christ pour Fils de Dieu : neantmoins pour vn ordre de police il leur est deffendu de trauailler les Dimanches & les Festes, (dont ils n'en ont aucunes que le Sabbat,) & aussi pour éuiter le scandale. Parmy-eux il y a de fort doctes hommes, principalement en la langue Hebraïque, & intelligence des vieux Rabins, & y instruisent leurs enfans, dont aucuns vont aussi aux estudes de Philosophie parmy les Chrestiens, & aux escholes publiques. Mais pour estre distinguez d'auec les Chrestiens ils portent tous les bonnets orengez ou rouges, & sont en grand mespris vers le peuple, qui n'en faict gueres plus d'estat que de bestes brutes, & n'en a aucune pitié, & s'ils delinquent en quelque chose ils sont fort exactement recherchez, & rudement traictez : de sorte qu'ils se rendent fort sujets aux loix & ordonnances voyant la rigueur dont on vse en leur endroit quand ils ont transgressé, ou obmis ce qui est enioint.

Dauantage il ne leur est permis de rien acquerir ny posseder en fond de terre ; qui est cause que leur bien consiste en meubles, & marchandise, & y en a entr'eux qui sont grandement riches, dont les vns se meslent de Banque & deniers d'eschange, les autres de prester argent à interest, loüer des meubles, & la plus grande part de vendre des habits tous faits, tant neufs qu'autres vieux de fripperie, qui est leur principal mestier, n'y ayant aucuns artisans parmy eux, sinon Cousturiers, Chaussetiers, & quelques Drappiers, ou Marchands de petites estoffes pour faire habits.

Quant à leurs personnes, ils sont la plus grande part d'vn cuir bazané, ayant le blanc du dedans de l'œil fort jaunastre, & y a neantmoins de fort belles femmes Iuïfues, & sont richement habillées, au contraire les hommes sont bien simplement vestus, & ont la plus part vne mauuaise marque, qui est qu'ils sentēt fort mal d'vne odeur fade & penetrante, soit à cause des ails, dont ils vsent en toutes leurs viandes, ou pour autre raison secrette qu'aucuns alleguent, dont je me tairay, n'estant chose bien asseurée pour ne m'en estre bien informé: Quoy que ce soit en quelque lieu qu'ils soient on les reconnoist presque à la phisiognomie, sans qu'ils ayent leurs bonnets rouges ou orangez, lesquels ils ne portent allant par les champs, afin de n'estre point remarquez, & reiettez de tous, mais dedans les villes où ils font sejour il leur est enjoint de les porter. Ils ne permettent qu'vn seul d'eux mandie, ains nourrissent leurs pauures.

Des Demoniaques.

ON voit par l'Italie plusieurs Démomoniaques, que l'on appelle *Inspiritati*, qui sont personnes possedées du mauuais esprit qui les tourmente estrangement, principalement quand on les exorcise aux Eglises pour chasser les diables qui sont en eux : & lors on voit toute vne partie du corps tressaillir d'vn tremblement merueilleux, qui ne peut estre ny naturel, ny contrefaict, par lequel on iuge aisement qu'il faut necessairement qu'il y ait quelque demon, & esprit malin & aërien qui agite ce corps & cause de tels effets : Ce qui aduient plus ordinairement aux femmes & aux filles, & plus rarement aux hommes.

Dauantage elles écument fort, & le visage leur deuient tout inde, puis en vn moment se rend pasle & deffaict, & change en tant de sortes, tant pour la couleur, que pour la contenance, que l'on connoist assez combien le corps est tourmenté & endure de mal: durant lequel on voit de tels efforts qu'il est necessaire qu'il y ait des hommes à les tenir, & par interualles defaillent, & se laissent couler en terre.

Mais ce qui est plus admirable, c'est que sans remuer ny levre ny langue, elles parlent, & respondent choses estranges sur ce qu'on leur dict, & qu'on les interroge; qui est la vraye marque des demoniaques.

Ces demons demeurent aux corps des personnes, les vns plus, les autres moins, comme vn an, trois ans, sept ans, & quelques fois y a deux ou trois esprits ou diables en vn seul corps; dont i'en ay veu plusieurs fois exorciser dedans les Eglises, & conneu longuement de personnes de qualité mediocre ainsi possedez par long-temps, que j'ay en fin veus en estre deliurés du tout, & reuenir comme ils estoient auparauant. Qui est chose bien commune en Italie, & peu conneuë en France.

DES POIDS ET MESVRES.

L'Italien est si exact en toutes choses, que pour reuenir iustement à son compte il ne vend & n'achepte qu'au poids & à la mesure tout ce qui peut tomber sous l'vn ou l'autre. Mais tout ainsi qu'en Frāce nous auons diuers poids & mesures, ceste mesme incommodité est pareillement en Italie, combien qu'en la plus part des lieux la liure ordinaire se prend à douze onces, comme en France la plus ordinaire est de seize onces.

Voyages & Observations

Des poids de diuerses Citez & Prouinces.

ET afin que de tant de differences on puisse iuger des poids, & les faire reuenir les vns aux autres: l'adjousteray icy vne table des poids de plusieurs cités, & prouinces reduits au poids de Paris, sur lequel les Marchands ont coustume de se regler, & prendre pied.

121 Liures du poids particulier des villes d'Auignon, Tolose, & Montpellier.
166 Liures de Venize.
155 Liures de Milan, Gennes & Piedmót.
117 Liures de Lyon.
143 Liures de la Rochelle & Marseille.
110 Liures de Luques.
97 Liures de Rouen.
107 Liures d'Anuers & Tours.
170 Liures de Vienne.
139 Liures de Pologne.
110 Liures de Londres.
98 Liures de Francfort, Nuremberg Baasle & Berne.
95 Liures de Monts en Haynault.

} Peisét cent liures à Paris.

Et par ce moyen il est aisé de faire reuenir tous les poids en vn, sans que la diuersité apporte du mesconte aux Marchands

d'Italie, &c.

qui trafiquent en diuerses prouinces.

Des Mesures & Aunages.

Es mesures sont aussi diuerses selon les lieux, & mesmement les noms d'icelles sont differens : à sçauoir la *Canne*, la *Brasse*, & la *Palme* : dont la Brasse est la plus ordinaire, & vaut demie-aulne & vn douzme mesure de Paris la plus commune. Lesquelles estant reduits à l'aunage & mesure de Paris reuiennent au calcul qui est cy-apres.

8 Aunes d'Amiens	5	
100 Brasses de Florence	49	
2 Brasses de Luques	1	
71 Brasses de Milan	35	
24 Palmes de Gennes	5	
3 Cannes d'Auignon	3	Aunes
2 Cannes de Toloze	3	de
133 Aunes de Venize	56	Paris.
100 d'Espagne	71	
5 Garres de Londres	4	
35 Aunes de Vienne	24	
4 Aunes de Francfort	3	

5	3	
7 Aunes de Flandres valent	4	Aunes
12	7	de
41	4	Paris.

R ij

Quant aux autres mesures capables, comme pots, pintes, boisseaux, muids, tonneaux, pipes, & autres semblables, la diuersité en est si grande, qu'il est mal-aisé d'en faire reduction.

Des fruicts qui se vendent au poids.

A Turin, Venize, Rome, & en quelques autres lieux on vend au poids les pommes, poires, raisins, chastaignes, & plusieurs autres fruicts semblables.

La chair de boucherie ne se vend qu'au poids.

Quant à la chair de boucherie, elle se vend partout au poids, non seulement par pieces, mais aussi le bestial entier & viuant, comme les moutons, les veaux, les pourceaux & autres pareils, lesquels on achepte souuent au poids: car estant pesés vifs, on sçait à quel poids ils doiuent reuenir estans morts, lequel augmente d'enuiron la dixiesme partie. Et sur la chair de la boucherie y a vn certain prix taxé par le Iuge de la Police, pour la liure de bœuf, de veau, & de mouton.

Visitation pour l'execution de la Police.

IL y a des Archers du Guet qui vont à Bolongne, & en quelques autres lieux, se promenant par la ville vers les boucheries, & portent sous leur manteau vn poid de plumée : & rencontrant ceux qui retournent desdites boucheries, ils les arrestent, & leur demandent combien ils ont achepté de chair; puis ils la pesent: & s'ils trouuent que le boucher ait vendu à faux poids, ils vont vers luy, la pesent en sa presence, & sur l'heure mesme au Iuge, & de là à la place publique, où ils luy donnent vn traict d'estrapade.

Belle police du marché de Florence.

A Florence y a vn fort bel ordre pour le marché, afin de rendre toutes choses à meilleur prix. Ceux qui y viennent pour vendre vont dire & faire enregistrer le prix qu'ils veulent vendre leurs denrées, puis sont tenus demeurer là tout le iour, tant qu'ils ayent tout débité & vendu: ou iusques à certaine heure que le marché finit: & ne leur est permis rien rabbatre pour se retirer plustost quand ils voyent le bon marché des autres: ny aussi encherir & augmenter le prix qu'ils ont premierement estimé leur danrée, combien qu'ils en voyent disete. A ceste occasion craignant de demeurer iusques à la fin: encores en danger de s'en retourner sans rien vendre, il taxent leurs danrées plus bas. Et par ce moyen on ne surfaict point ce qui se vend au marché.

De la Vendange.

LE païs est tellement chaud qu'à la vendange il faut jetter quelques seillées d'eau pour arrouser les raisins qui sont en la cuue, & esteindre l'ardeur du soleil qui est demeurée dans le grain: car autrement le vin ne seroit de garde, & s'aigriroit dedans le tonneau.

Il y en a peu de rouges, & les autres sont tellement cuits du soleil, qu'ils en retiennent la couleur, non rousse, mais dorée, & fort agreable à l'œil.

Des tonneaux & autres vaisseaux à vin.

LEs vaisseaux ésquels on mét le vin tiennent ordinairement cinq & six tonneaux, & aucuns plus de vingt, dautant qu'il se conserue mieux en grande quantité. Le bois en est espais de quatre doigts, & les cercles, sont bandés de fer: de sorte qu'ils durent quarante ou cinquante ans: & le vin se trouue meilleur dedans les vieux que dedans les nouueaux, à cause du vieil tartre qui demeure attaché par dedans au tour du vaisseau, de l'espesseur de trois ou quatre doigts, lequel prouient de la force, & plus grande chaleur du vin.

Du naturel du vin, & de sa longue garde.

LEs bons vins ne se corrompent si aisement comme és autres païs: car si on en met seulement cinquante ou soixante pintes tout pur, & sans lie en vn des plus grands tonneaux, il se gardera deux & trois mois, dont on en tirera tous les iours, sans estre subjet à s'éuenter ny aigrir: & se trouue à la fin la derniere pinte aussi bonne que la premiere.

De la diuersité des vins.

IL y a de plusieurs sortes de vins par l'Italie, entre autres toute la Lombardie en porte de fort bons, qui croissent sur les branches des arbres, où la vigne monte.

En Romagne y en a d'vne sorte appellé *Magnaguerra* qui est rouge, mais dautant qu'il est cuit, il se trouue espais, rude à boire, & de grosse substance.

A Boulongne & autres lieux voisins il croist d'vn vin nommé *Trebiano*, qui est de couleur blanc, mais fort chargé de roux, & a le goust & la force d'vn hypocras bien doux, & est de tres-bon suc & nourriture.

A Monte Fiascone y en a de blanc fort clair & doré qui est bien excellent, & surpasse en bonté le clairet qui croist au mesme lieu.

Celuy qui vient au tour de Rome appellé

pellé *Romanesco* ne vaut gueres, & ne sent que le verjus : neantmoins il s'y en recouure d'excellens plus qu'en lieu d'Italie lesquels y sont voiturez de loin : c'est à sçauoir les vins de Corse, dont ceste Isle en produit grande quantité que l'on transporte à Rome, & en autres lieux, & est appellé *bianco di Corsica*, qui est fort blanc & net, & aussi doux que s'il y auoit du sucre.

Ceux qui viennent de Naples, & croissent en la montagne de Somma ou és enuirons, que l'on nomme *vino di Somma*, ou bien *vino Greco* (qui est vn nom general, que l'on donne aux meilleurs vins) surpassent en force & bonté tous les autres vins blancs d'Italie. Mais il y en a d'vne autre sorte qui est clairet, lequel pour son excellence est dict *lacryma Christi*, qui est le plus delitieux de tous.

A Venize & à Padouë il ne se boit aucũ vin clairet qui soit bon, & peu de blancs que communs, sinon qu'il s'y trouue grande quantité de *Maluesia*, qui vient de Crete aujourd'huy appellée Candie, dont y en a de trois sortes, sçauoir *la dolce*,

S

la garba, & *la mezzana* pour la diuersité des gousts.

Du vin sophistiqué.

ENcores que ces vins soyent naturellement assez bons pour l'vsage ordinaire, neantmoins à Venize, & principalement à Padoüe & autres lieux voisins, ils ne laissent de les sophistiquer pour les rendre plus forts & plus agreables à la langue, par le moyen de la chaux visue qu'ils y mettent pour donner la force, & de la sauge ou autres herbes & choses aromatiques qu'ils y adjoustent pour auoir meilleur goust : & aucuns y meslent aussi du laict de vache : ce qui rend tels vins plus plaisans au goust que sains à boire.

Du vin que l'on veut estre de garde.

AVx vins qu'ils veulent garder longuement, ils y mettent quantité d'alun de roche, comme enuiron vn boisseau sur neuf ou dix pippes; en quoy ils regardent plus à la conseruation de leur vin que de leur santé, pour les inconueniens qui en aduient : car ceux qui en boiuent sont sujets à vne maladie que nous voyons à ceste occasion fort frequente entr'eux, que les Medecins appellent *Melancholie hypochondriaque*, qui leur cause des ventositez, & passions tresgrandes au dessous des costes : mesmes que l'esprit s'en sent quelquesfois troublé & sujet à pasmoison : & neantmoins la pluspart des vins qui se vendent à Padoüe sont ainsi sophistiquez, mais plusieurs se ressentent de ceste maladie, & ne sçauent pas d'où elle prouient.

De la moisson de l'Aoust.

LA grande chaleur qui est en Italie mesmement vers la Poüille, Calabre, Florence & Gene, qui est toute la coste de la mer Mediterranée, est cause que les moissonneurs ne peuuent aucunement trauailler le iour : & pour ceste occasion ils commencent leur iournée vers le soir, quand la chaleur s'en va passée, & continuent leur labeur à sayer & amasser les bleds toute la nuict, iusques au l'endemain matin que le soleil commence à s'eschauffer : & lors ils se retirent à la maison, se couchent, & dorment iusques au soir, tant qu'il faille retourner en besongne ; faisant par ce moyen du iour la nuict, & de la nuict le iour, pour éuiter la chaleur insuportable.

De la façon de battre le bled.

AVx mestairies n'y a aucunes granges pour retirer & amasser les gerbes, parce que la coustume n'est de laisser le grain suer dedans le tas en son espy; mais apres que le bled est couppé, on laisse les gerbes dedans les champs : & au milieu d'iceux on bat, & applanist vne place en forme ronde pour seruir d'aire, au dedans de laquelle on estend les gerbes toutes déliées, tournant les espics du costé plus proche de la circonference de l'aire : puis vn ieune garçon monté sur vn cheual, en mene trois, ou quatre autres liez queuë à queuë, & ainsi les conduit tout à l'entour au dedans de ceste aire, & proche du bord d'icelle les faisant passer sur les testes des espics : Et ainsi batent leurs bleds au lieu d'vser de fleaux. Mais aussi leur paille demeure hachée menu, & peu vtile pour s'en seruir apres, comme l'on faict de celle qui demeure entiere n'ayant enduré que le fleau.

De la garde & conseruation du blé.

Svr le mesme lieu où le grain a esté battu, on le nettoye aussi entierement, puis on le porte en la maison en vne chambre basse, où en vn lieu creux en terre, & estant là en grande quantité il suë en son tas, qui est cause que le dessus se corromp par la relēteur & exhalation que rend cét amas, à cause de l'eschauffement d'où procede la sueur ; & ainsi il il s'engendre comme vne chansissure qui se lie ensemble, & fait sur tout le monceau vne grosse crouste espaisse de trois doigts, laquelle conserue tellement tout le reste qui est dessous, qu'il n'est besoin de le remuer, éuenter par l'air, & nettoyer, au contraire il se conserue de ce que l'air n'y penettre point : & peut ainsi demeurer plusieurs années.

Mais enfin on ouure ceste crouste par vn bout pour tirer du blé du monceau au pris que l'on en a affaire : de sorte qu'on ne le met point aux greniers pour le conseruer à la façon de France : & est le blé d'Italie plus nourry, plus doré, & meilleur que le nostre.

Des auenes & foins.

Quant aux auenes elles sont si menuës & estraintes à cause de la grande secheresse des terres pour l'ardeur du soleil, qu'elles donnent peu de nourriture aux cheuaux : lesquels non seulement pour l'auene, mais aussi pour les pailles ainsi hachées, comme i'ay dict, & pour les foins, qui sont rudes ont mauuais traitement par toute l'Italie : laquelle dautant qu'elle est abondante & douce pour les commoditez des hommes, autant est elle sterile & mauuaise pour la nourriture des cheuaux.

DES CHOSES
REMARQVABLES
QVI DEFFAILLENT,
ou sont rares en Italie.

ET AVSSI DE CELLES,
qui y abondent, & sont moins ordinaires en autres païs.

De l'ardoise & des verrieres.

Ncores que l'Italie soit magnifique & superbe en bastimens, si est-ce que deux des plus beaux ornemens requis pour la perfection y manquent, ce qui rend les palais defectueux ou moins accomplis, l'vn defaillant du tout, qui est l'ardoise pour la couuerture : l'autre estant rare, qui est le verre pour faires le vitres.

Le defaut du premier est cause que les plus riches palais tous bastis de marbre auec vn frontispice d'architecture superbe sont comme démentis & rendus difformes par la couuerture qui n'est que d'vne grosse tuille ronde en forme de goutiere: & est cause que les couuertures sont presque toutes plattes, & mesmes celles des Eglises: soit afin qu'elles ne paroissent, ou bien parce qu'ils n'ont l'inuention d'en faire de plattes & esleuer haut la couuerture à la mode de France. Tant y a que par toute l'Italie on ne sçait que c'est que l'ardoise, pour couuertures de maisons, ny de tuilles plattes pour esleuer les couuertures, & embellir les palais. Vray est qu'en vn seul lieu d'Italie nommé Varese qui est vers Sestri à vne iournée de Gennes, j'ay veu de l'ardoise que l'on y fouille és carrieres, mais elle n'est ainsi frayable comme la nostre d'Anjou, ains pour sa dureté elle sert à bastir, & souffre le marteau pour estre taillée, ainsi que i'ay dict en son lieu.

De

De la forme des verrieres.

Qvant aux verrieres, elles ne sont faites que de petits rondeaux de verre roux & espois, que l'on fait exprés pour cét vsage : & semblent autant de pattes de verre, ayant les bords ronds & renforcez, & au milieu vn gros nœud demy rabboreux. Encores telles qu'elles sont il y en a fort peu, & le verre en vient d'Allemagne; mais l'ordinaire est d'auoir des chassis de papier huillé, & aux meilleures maisons, de toille cirée, mesmes aux plus beaux palais, sinon quelque sale où la chambre du Seigneur, qui ont les verrieres telles que dessus. Toutesfois il y a vn lieu excepté, qui est Venize, où le verre est plus commun.

De la rareté d'estain & excellence de la vaisselle de terre.

L'Estain est aussi fort rare par toute l'Italie, qui est cause que l'on vse fort de vaisselle de terre, laquelle y est tres-belle & nette, faite en façon de

Majorique, l'vne peinte de personnages, d'animaux, de fleurs, de païsages : les autres martellées de diuerses couleurs representant le jaspe, le porfire, ou autre marbre, & quelque vnes toutes blanches : dont la plus excellente se faict à Fayenza, de laquelle i'ay parlé en son lieu, & y en a qui est peu moins chere que la vaisselle d'argent.

Des moulins à vent.

L'Vsage des moulins à vent est tellement incogneu en Italie, que plusieurs qui en entendent parler se persuadent que les vents soyent estrangemét grands aux païs où on en vse : ou autrement ne peuuent bien comprendre ceste inuention, ny la croire, sinon leur representant la force du moindre vent, qui donnant seulement de costé dans vn voile pousse & emporte vn nauire le plus pesant & chargé qui soit. Toutesfois il y en a vn seul en Italie qui est à Naples sur le Mosle qui auance en mer, & y a esté construit par les Espagnols. En tous les autres lieux, n'y a que des moulins à eau.

Des Paſtiſsiers.

IL n'y a aucuns Paſtiſsiers par toute l'Italie: ſinon à Rome, que quelques François y ont leué boutique: car l'Italien ne ſçait que c'eſt des delicateſſes de patiſſerie dont nous vſons en France: comme de gaſteaux, galettes, tourteanx feillettez, pouppelins, tartres, paſtez de viandes, oyſeaux, hachis, & autres de diuerſes façons, ſinon de groſſe viande, & venaiſon dont ils font quelques paſtez aux maiſons ou chez les boulangers: Et au lieu de tout cela ils ont ſeulement des tourtes d'herbe & ſuccre, auec autres choſes meſlées enſemble, force marſepains, pignolats, muſtaccioli, pains d'eſpices, & pareilles friandiſes.

Des aloüettes.

LEs Alloüettes que nous voyons en France en ſi grande multitude, ſont ſi peu frequentes en Italie, qu'en tout vn hyuer (qui eſt lors qu'il en paroiſt dauantage) on ſeroit bien empoſché d'en

T ij

recouurer vne douzaine : & au lieu qu'en France elles s'assemblent & volent par grandes bandes ; en Italie on les void seules, ou au plus trois ou quatre ensemble, & encores bien rarement.

Des Beccafils.

MAis en vn autre temps on y trouue petits oyseaux appellez *Beccafighi* qui ne se voyent en France, sinon vers la Prouence & le Languedoc, lesquels vallent encores mieux que les aloüettes, principalement quand ils sont pris en leur saison, qui est au temps de la vendange; parce qu'ils mangent force raisins, dont ils se refont tellement que tout leur corps est couuert de graisse.

Des cailles & la façon de les prendre.

LEs Gentils-hommes & Seigneurs Romains, & mesmes les Cardinaux prennent leur plaisir au mois de Mars d'aller vers la mer prendre des cailles qui retournent d'Afrique où elles se retirent l'hyuer pour éuiter le froid, puis repasfant la mer elles reuiennent au printemps en Italie, & lors sur chacun nauire qui part d'Afrique, il se range tant de ces oyseaux, qu'il y en a bien souuent plus de dix ou vingt mille au tour d'vn vaisseau : & sur le voyage quand on est en pleine mer loin de terre, & que les nautóniers en veulent prendre, elles ne font que volleter tout au tour, tant qu'estant fort lasses, elles sont contraintes se poser derechef sur le vaisseau, ou se brancher sur les cordages qui en sont si couuerts qu'il semble de jettons de mousches à miel ensemble attachées : de sorte qu'estant effarouchées par les nautonniers, & ainsi lasses de volleter, & n'ayant autre retraite & lieu de repos que le nauire, on en prend à la main, tant que l'on veut. Et mesmes souuent, n'y ayant lieu pour toutes, elles se battent à qui aura place, & en fin tombent si lasses qu'elles n'en peuuent plus : mais quand elles découurent de loin quelques rochers ou isles qui sont en mer, elles y prennent toutes leur vollée pour reposer vn peu, & repaistre en passant.

Quand le nauire approche de la coste

d'Italie, ceux qui en veulent auoir le plaisir tendent des retz sur le riuage, & des gaules qu'ils portent en l'air pour les intimider, & les faire toutes rendre au lieu où elles ne voyent personne, auquel estant posées on tire le filet qui en couure deux & trois mille à la fois, selon qu'il est estendu. Et dautant que la longueur du voyage, la faim, & le trauail que souffrent ces petits animaux, les rendent fort maigres & attenuez, on les nourrit huict ou quinze iours pour les engraisser : qui est vn plaisir qui se voit tous les ans sur le riuage de la mer.

Des beures, huiles & fromages.

COmbien que le païs soit abondant en vaches & pasturages, neantmoins le beure y est en moindre quantité qu'aux autres lieux ; parce qu'il y a si grand nombre d'oliuiers aux montagnes, & tant de bonnes huiles qui en viennent, que l'on s'en sert plus volontiers que des beures : mais demeurent employez en autre vsage, parce qu'il se faict vn fort grand nombre de froumages, principalement par toute la Lombardie, & particulierement au tour de Plaisance, combien qu'ils soyent appellez froumages de Milan, lesquels sont en telle quantité qu'il s'en fait grand traffic, estant enuoyez en France, en Espagne, & autres païs loingtains.

De l'vsage d'huile, & deffenses du beure en Caresme.

CEste grande quantité d'huiles est aussi cause que le beure est deffendu en Caresme autant que les œufs: Et au lieu d'huile de noix (dont il y a peu) on ne brusle que de l'huile d'oliue.

Des Buffles.

AInsi que la Lombardie abonde en bœufs & en vaches, aussi tout le Royaume de Naples à venir iusques à Rome, abonde fort en buffles: qui est vne espece de bœufs sauuages; mais plus grands & gros que les ordinaires, & tous noirs, ayant les cornes plus grandes, plus grosses, moins vnies, & aussi toutes noires : lesquelles seruent grandement au labourage des terres de la campagne, qui sont tellement grasses & difficiles à cultiuer, que les bœufs n'auroient pas assez de force pour les bien labourer s'ils n'estoient attelez en plus grand nombre que l'ordinaire, estans au contraire ces animaux tellement forts & robustes & propres à tirer au harnois, qu'vn seul buffle fait autant que pourroient faire deux bœufs : car par toute l'Italie on ne s'ayde point de cheuaux pour les labourages, ny mesmes pour tirer les charrettes, & faire les voictures aux villes.

Apres que les buffles on bien seruy, & qu'ils commencent à deuenir vieux, on les engraisse pour les mener aux boucheries, dont le menu peuple mange ordinairement, mesmement les Iuifs qui sont à Rome : mais auant que les tuer il les faut vanner, & les courir deux ou trois heures pour rendre la chair moins dure : car encores nonobstant cela, & toute autre chose qu'on y face, & qu'elle soit tant cuitte que l'on voudra, elle demeure tousiours si dure qu'elle est ce fascheuse digestion ; outre ce qu'elle est de

mauuais

d'Italie, &c. 155

suc, & nourriture de gens de trauail, & de forte complexion. Aussi void-on que ce gros animal est fort lent, melancolique, stupide, & malaisé à émouuoir: A ceste occasion on leur passe ordinairement à châcun vne boucle de fer à trauers le nez, à laquelle est attachée vne corde pour les conduire plus aisément, ou autrement il seroit maisé d'en venir à bout.

V

DES ARBRES ET FRVICTS.

E toutes les sortes de fruicts que nous auons en France, il y en a grande quantité en Italie, sinon des poires, dont il y en a le moins; & mesmes n'y en a aucunes de Bon-Chrestien; mais la plus part des fruicts y sont de meilleur goust que les nostres, sinon ceux à noyau, dont les nostres surpassent en bonté, en quantité, & en diuersité d'especes : ce qui prouient de ce que l'Italie est trop chaude

pour les poiriers, pruniers, & autres arbres à noyau qui se nourrissent mieux à la fraischeur & humidité.

Des cerises & de leur diuersité.

ENcore que les cerises soyent bien communes par toute l'Italie, si est-ce que l'arbre y est estranger, & y fut apporté comme nouueau du païs de Ponte, à Rome par Luculle apres la victoire obtenuë contre Mirhridates, ainsi que témoigne Pline au 25. Chap. du 16. liure, où il dit, *Cerasi ante victoriam Mithridaticam- L. Luculli, non fuere in Italia. Ad vrbis annum DCLXXX. is primum vexit è Ponto : annísque CXX. trans Oceanum in Britanniam vsque peruenere.* Et dautant qu'au païs d'où ce fruict a esté apporté il y a vne ville nommée *Cerasus*, il est vray semblable que le nom soit demeuré du lieu mesme où il a esté pris & transporté en Italie.

Les cerises aigres n'y sont en telle quantité, ny si agreables au goust que celles de France, mais bien y en a-il de toutes les sortes que nous auons : & outre

d'Italie, &c.

y en a d'vne autre forte que nous n'auons point (combien qu'elles ne foyent bien ordinaires) dont les arbres viennent grands comme guiniers, & ont les feüil-les femblables à celles du cerifier aigre, mais moins frequentes felon la figure cy-apres:

Et font les ceri... ...ble attachées

doux à deux, trois à trois, 4 à 4. 5 à 5. & six à six, pendantes à vne seule queuë.

Il y en a aussi d'autres qui viennent par grappes comme raisins, sinon que les queuës en sont plus longues, & les grains plus clair semez selon ceste figure.

dont... beau & grand arbré auec le fruict, dedans le jardin du palais de Bolongne, & en autres lieux dont j'ay tiré portraict.

Des carrouges.

LEs carrouges ne croissent point en France, & n'y sont aucunement cogneuës, & ne s'en trouue mesme en Italie, sinon au Royaume de Naples, où y a grād nombre d'arbres qui les portent, & principalement en la Poüille, & toute la campagne, & mesmement sur le chemin de Fundi à Itri, & de là à Mola, tout le long de la Via Appia, estant les hayes pleines de ces arbres qui croissent plus grands que pruniers ou abricotiers, & ont les branches plus estenduës en largeur, qn'en lougueur & l'escorce de couleur cendrée tirant sur le pers, la feüille approchāte de celle du fresne, sinon qu'elle est plus large, plus dure plus clair semée, & plus arrondie.

Quant à la fleur, elle vient à l'issuë de l'hyuer, dés le commencement du printemps, & porte son fruict en esté & automne, lequel vient par gousses assez semblables à celles des febues, mais vn peu plus grosses & plus longues; & les queuës plus deliées, plus lentes, & flexibles, & mesmes plus longuetes : de sorte qu'au moindre vent qui vient, elles font fort grand bruit, d'autant que venant à maturité, elles deuiennent toutes seiches & noires : qui est cause que par les champs où il y en a; on entend de tous costez qu'vn croullement estourdissant, estant batuës, & agitées les vnes contre les autres, & contre leurs branches. L'escorce de dessus la gousse est vn peu dure & licée, mais fort mince & facile à rompre. On les cueille à la fin d'automne, & se conseruent longuement, mais elles sont en leur principale bonté durant le Caresme suiuant : & dautant qu'il ne s'en voit point en France, j'adjousteray icy le pourtraict d'vn bout de branche auec son fruict.

Figure

Italie, &c. 163

Le dedans des gousses est plein d'vn suc
& mouelle semblable à prunes seiches,
X

mais plus doux, & assez agreable au gouster; & dedans chacune d'icelles se trouuent cinq ou six noyaux & semences. Quand elles sont fraisches cueillies, elles sont mal plaisantes au goust, mais on les estend sur les clayes, puis estant seiches, auec le temps elles deuiennent douces, & bien agreables à la bouche.

Celles qui viennent du Leuant ont le goust beaucoup plus miellé, & pour ceste occasion les Indiens & Arabes en tirent quantité de liqueur, dont ils font les confitures du gingembre, mirabolans, noix muscades, & autres aromates que l'on en apporte. I'auois opinion que les carrouges fussent vne espece de casse pour leur ressemblance de couleur, & encore dauantage pour le goust; mais leurs effets sont tous contraires, estant les carrouges fort astringentes: toutesfois leur decoction est tres bonne pour la toux.

Ceux qui en ont escrit remarquent mesmes effets des cerises & des carrouges, en ce qu'estant fraisches elles laschent le ventre, estant seiches elles le reserrent, parce que l'humidité estant consommée

d'Italie, &c. 165

il ne reste que le plus materiel. Aussi sont ces deux fruicts approchans de nom en Grec; car la cerise s'appelle KEPAΣIA, & la carrouge KEPATIA, en Latin, Siliqua, & en Italien Carobbe & Carobbole.

Du raisin nommé Vva iugliatica.

IL y a vne sorte de raisins forts delicats à manger, dont la grappe est grosse & longue, comme des biccannes, les grains de couleur dorée, & presque aussi longs & menus que le petit doigt, & sont appellez iugliatica, parce qu'ils sont meurs au commencement de Iuillet. Pline au 3. Chap. du 13. liure *vua dactylides digitali gracilitate*, il ne s'en fait point de vin, n'estans bons que pour manger.

Du raisin appellé Vua Pergolana.

A Rome & és enuirons y a vne autre sorte de raisins nommez Vva Pergolana, parce qu'ils croissét sur les treilles qui sont faites de perches, & qu'en Italien pergola signifie vne *treille*. Ils meu-

X ij

rissent en l'Automne: la grappe, le grain, & la couleur ressemblent du tout à ceux que nous appellons Bourdelas, mais le grain en est ferme comme d'vne prune, le goust fort excellent: & outre ce, le fruict en est tellement sain qu'on l'ordonne aux malades ainsi que les cerises: & se gardent si long-temps, que tout le Caresme on en crie, & vend à la liure par la ville de Rome, qui sont aussi frais comme s'ils venoient de la vigne.

A la table des Cardinaux, & bonnes maisons on en sert tousiours (durant qu'il s'en recouure) dés l'entrée, & à l'issuë. Pline en parle ainsi, *sunt insignes vuæ non vino Ambrosiaca, duracina, sine vllis vasis in vite seruabilis.*

Des Pistaches.

L'Italien faict grand cas d'vn fruict qu'il a en grande abondance, qui est vne espece de noix ou noisette qui ne croist point en France: toutesfois on y en void, parce que ce fruict est aisé à transporter; qui sont Pistaches, dont i'ay veu des arbres en plusieurs lieux, mesmemēnt à Venize, Rome, Gayétte, Naples, & par toute la Calabre : Neantmoins le Pistachier croist volontiers en païs plus chaud. Aussi les meilleures pistaches viennent communement de Syrie, n'estant ce fruict naturel à l'Italie : mais y fut premierement apporté (comme témoigne Pline au XXII. Chap. XV. liure) par Vitellius, estant Gouuerneur de la Prouince sur les derniers iours de Tybere.

L'arbre a les fueilles de verd jaune estant sept à sept attachées à vne longue queuë de la façon de celles du noyer. Les fruicts pendent en grappe au plus haut de la cyme de chacune branche, de la façon que voyez en ce pourtraict representé au naturel.

168 *Voyages & Observations*

Le fruict a double couuerture, sçauoir,
la peau & la coquille, la peau exterieure

du noyau est rousse & odorante, la coquille blanche, tant par dehors que par dedans; la forme ouale fort semblable à la noysette franche, mesmement l'amende du dedans ; estant couuerte d'vne peau incarnate, mais la mouëlle est de couleur verde, & approchāte du goust aux pignons & plus odorante : De sorte qu'aucuns estiment que le vray Terebinthe Indique dont parle Theophraste, est le Pistachier.

Les Italiens en mangent à l'issuë du repas, & en la collation apres le disner, parce que ce fruict est propre à l'estomach, & au foye : outre ce qu'il a le goust plaisant & agreable, & à la vertu d'échauffer, donne grande nourriture, & engraisse la personne.

Du Figuier d'Inde.

LE Figuier d'Inde est vne plante admirable : car encore que nature en ait creé de tant de sortes differentes, neantmoins ceste-cy ne se rapporte, & ne peut estre comparée à aucune : mais plustost doit estre mise entre les miracles de nature.

Elle ne peut aussi estre appellée proprement herbe ny arbre, tant sa forme est estrange, & dissemblable des autres plantes : de sorte qu'il semble que Nature en se jouant l'ait creée à plaisir, pour la delaisser aux hommes en admiration.

Elle deuient haute comme vn arbre, & toutesfois est sans tronc, sans brāches, sans germes, & sans queuë, a ses feüilles lesquelles encore sont si estranges & esloigneés de semblance à toutes autres, qu'à peine les peut on nommer feüilles.

Dauantage vne seule feüille plantée en terre produit incontināt racines, & multiplie, & par ainsi suffit d'en auoir vne feüille pour en édifier grande quantité; & pour ce faire, il faut planter la feüille droicte,

moiti

moitié en terre, & moitié dehors; la partie qui est dedans terre produit des racines, celle qui est dehors produit vne fueille sa semblable: sur ceste fueille croist vne autre fueille, ainsi continuant par ordre, fueille croissant sur fueilles la plante deuient haute comme vn arbre de la façon qu'en voyés icy la figure.

Mais il faut noter que les fueilles n'ōt leurs faces de mesme costé: car si l'vne est droite plantée, & espandue à la veuë de celuy qui la regarde; l'autre de dessus est en trauers, ne se monstrant que de costé: la troisiéme est disposée comme la premiere, & la quatriéme comme la seconde, puis les autres ainsi ensuiuant.

De ceste façon, les fueilles seruent de tronc, de tige, de branches, de drugeons, de germes & de fueilles: & font vn arbre sans bois.

Dauantage les fueilles sont fort espesses, les vnes d'vne poussée, & les autres de deux doigts, en forme ouale, & longues de demy-pied, & aucunes pres d'vn pied.

D'icelles sortent des espines blanches, menuës, longues, pointuës, & foibles: toutesfois quelques-vnes sont sans espines: mais elles sont ordinairement vn peu groumeleuses de la façon d'aucuns concombres, & bouttonnées aux lieux où seroient les espines des autres. Le dessus de la fueille est fort verd, yué, & poly: & sur icelle y a vne fleur de rosée verd-bleuë, ainsi que sur les prunes en vn ar-

Voyages & Observations 173

bre, ou pluftoft fur les fueilles du Palma-Chrifti, & fur fa tige.

Laquelle fleur eftant effuyée, & oftée, la fueille demeure luyfante : la fuperficie eft tendre & delicate côme d'vn concombre, & le dedans eft d'vne mouëlle verde & fpongieufe, fort humide, & fade au gouft : dont vne feule fueille peut pefer deux liures, plus ou moins felon la grandeur.

Elles fe conferuent plus de deux ou trois mois hors de terre, fe laiffant tranfporter dedans du cotton ou autre chofe molle, afin qu'elles ne fe cottiffent ; car elles fe corromproient auffi-toft.

Les fruicts font femblables aux figuës ordinaires, mais plus gros, & finiffant en vne couroune de couleur entre verde & purpurée, le dedans eft vne poulpe comme en nos figues, mais tant pleines de fuc, & fi rouge qu'il teint les mains ainfi que les meures. Et encores que les autres fruicts chargés de couleur comme les meures, les guignes noires, les pefches rouges, & autres femblables qui portent teinture, ne donnent aucune couleur à l'vrine de ceux qui en ont mangé : neant-

Y ij

moins ce fruict a cela de particulier qu'en passant par le corps de l'homme il retient sa couleur, & fait vriner rouge comme sang ceux qui en gouftent, toutesfois sans faire nuisance à nature: ce qui estonne quelquesfois ceux qui pensent que ce soit sang, ne sçachant d'où cela prouient, & ne cognoissant le naturel de ce fruict: duquel aussi on n'a pas accouftumé de manger, parce qu'il est fort desagreable au goust.

Ce n'est le figuier d'Inde dont les anciens ont parlé, mais il a pris ce nom à raison qu'il a esté apporté des Indes Occidentales, & semble que ce soit ceste plante que Pline a nommée *Opuntia*, quand il dict au 17. Chap. du 21. liure: *Item circa Opuntem Opuntia est herba, etiã homini dulcis. Mirúmque, è folio eius radicem fieri, ac sic eam nasci.*

Pareillement Theophraste parlant de ceste plante, il dit qu'elle croist és enuirons de la ville Opus, & qu'à ceste occasion le nom luy en est demeuré, & la décrit comme chose admirable.

I'en ay veu à Bologne la Grasse, vne plante plus haute qu'vne toise, & à Rome en plusieurs lieux, mesmement parmy des mazures, dautant que ceste plante qui est fort humide, se plaist en lieu chaud & sec.

Aussi y en-a-il en Espagne, & mesmes en Prouence.

Du nombril de Venus.

IL y a aussi vne petite plante qui merite n'estre oubliée tant pour la forme extraordinaire de ses fueilles, comme pour sa rareté en quelques contrées & abondance d'icelle en autres, qui est le Nombril de Venus appellé en Grec κοτυληδών & en Latin *Vmbilicus Veneris*, dont la fueille n'a sa semblable parmy toutes les plantes, estant en forme de campanes tournées contre-mont, ayant plustost forme de fleur que de fueille, & se tiennent de pareille hauteur toutes en rond, qui semblent autant de petites écuelles rangées l'vne contre l'autre : de sorte que ceste petite herbe peut estre dicte créée à plaisir, comme vn jouet de nature, tant elle est gentille, & differente de toutes les autres.

Elle ne porte aucune semence, mais elle s'étale & multiplie en largeur, & quantité de fueilles tout au tour, neantmoins elle produit deux ou trois petites tiges qui fleurissent en forme de petites campanes rougissantes, attachées au long de la tige, qui ne monte plus haut de demy-pied, encores la plus part ne surpassent gueres quatre ou cinq doigts; puis ayant fleury fanissent sans faire semence.

Ceste herbe est grasse au toucher, & tellement delicate, spongieuse, & aiueuse, qu'elle surpasse toute autre en ces trois choses, ne pouuant presque estre touchée qu'elle ne soit cottie.

Et encores que la fueille en soit espesse, neantmoins vne poignée d'icelles estant pressée entre les mains reuient à si peu, que tout le mar ne montera pas la grosseur d'vne febve, & toutesfois ne rend gueres d'eau, à proportion de la quantité des fueilles, mais beaucoup à la proportion du mar qui demeure : le surplus se resoluant en eau. Elle croist seulement parmy les mazures, & sur les vieilles murailles, ou bien sur les pierres au riuage de la mer, & en fort grande quantité en

Toscane parmy les rochers: mais en tout le reste de l'Italie, elle n'y croist ny ne peut s'y edifier.

Comme aussi en France, nous voyons qu'elle croist en telle quantité par tout l'Anjou; & à l'entrée de Bretagne, qu'il n'y a presque muraille, ny couuerture de maison où elle ne croisse en abondance, ainsi que la joubarbe: mais aux autres regions de la France, elle n'y croist aucunement, voire y est presque incogneuë, & ne s'y peut edifier.

Des Cappriers.

L'Italie produit aussi des Cappriers en grande quantité par toute la Ligurie, la Toscane, la Campagne de Rome, & Royaume de Naples, & sur tout vers Gennes. Mais de l'autre costé de l'Apennin il ne s'y en void point que par curiosité. Ils croissent fort volontiers dedans les murailles; aussi on en void vne infinité à Rome parmy les ruines des vieux bastimens & autres mazures: specialement à l'entour du Temple de la Paix.

Les plus excellentes Cappres sont celles qu'on apporte d'Alexãdrie d'Egypte, à Venise; mais les Cappres de l'Apoüille, puis celles de Gennes, & de toute la Ligurie, sont les meilleures qui croissent en Italie, & en plus grande quantité; dont je ne mettray icy le portrait, dautant qu'il s'en void quelques plantes en France.

D'vne espece de petites Pommes que l'on seme tous les ans.

IL y a en Italie vne sorte de Pommes que nous n'auons point en France, lesquelles on sème au Printemps, & vient vn arbrisseau lequel dés la mesme année porte son fruict; qui sont petites pommes vn peu rouges d'vn costé, & peu plus grosses que petits abricots: & sont toutes semblables à celles des pommiers ordinaires, tant pour la forme, la cotte & pelure, la fermeté, la couleur, que pour le goust au manger: tellement qu'il ne s'y recognoist autre difference, sinon qu'au lieu de pepins qui naissent au cœur des ordinaires, cestes-cy ont comme les nefles de petits noyaux de la mesme façon; mais seulement au nombre de trois: qui est

d'Italie, &c.

qui est leur semence pour l'année suiuante, parce que l'arbre ne dure qu'vn an, mourant au commencement de l'hyuer.

Des Anguries.

LE fruict appellé Angurie, est vne espece de citroüille qui ne croist en France (que je sçache) si ce n'est en Prouence.

La plante & le fruict portent mesme nom, & a les fueilles fort pareilles à la coloquinte, toutesfois plus grandes, aspres, & entaillées tout à l'entour.

La tige est en forme de ferment, & traine par terre comme celle du concombre, ou melon.

Elle produit la fleur dorée, puis le fruict merueilleusement pesant, gros & rond. L'escorce vnie & verdoyante, vn peu tachetée & blanchastre du costé qu'elle touche la terre, & fort dure au dessous de la superficie, ainsi que les citrouilles.

La moüelle du dedans est tres-humide & ayueuse: dont aucunes sont vn peu douces, les autres plus aigres, & quelques autres de nul goust, comme eau de fontai-

Z

ne : mais toutes sont fort propres pour estancher la soif.

La graine qui est dedans est vn peu plus large, & deux fois plus espesse que celle des melons ; l'escorce ferme, & le noyau plus grand, & presque semblable aux pepins de la casse : dont les vnes sont noires, les autres rouges, & les autres tannées ou grises. Le fruict cueilly se peut garder quelque temps sur la paille, & y meurit s'il est trop verd.

Les Medecins tiennent que l'Angurie est froide & humide au second degré ; à ceste occasion ils l'ordonnent aux fievres chaudes pour estancher la soif.

Aussi les Italiens en vsent fort durant les iours caniculaires pour se rafraischir : On entame le fruict par vn costé, puis remuant auec vn baston la moüelle ou poulpe qui est dedans, elle se resout & conuertit aussi-tost toute en eau claire, merueilleusement fraische au gouster, outre sa qualité naturelle ; & ainsi ils la boiuent dedans son escorce, en laquelle il ne demeure que la graine au fond. Pline n'en fait point mention, mais les autres l'ont appellée Anguria, & *Dullana*..

Des Cannes de Succre.

IL croist quelques Cannes & roseaux de Succre en la region d'Italie, appellée, *Terra dy Lauora*, & non en autre lieu d'Italie; mais en Sicile ils viennēt en plus grande quantité, comme aussi aux Isles de Madere, Candie, Rhodes, Cypre, & en Egypte. La tige est noueuse ainsi que la voyez icy figurée.

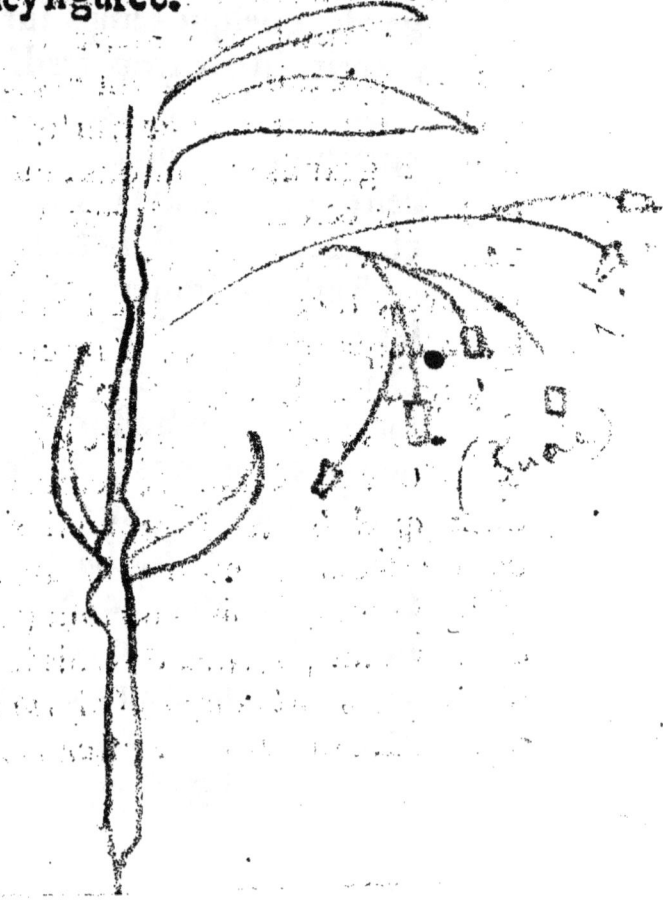

Et est pleine d'vne matiere spongieuse comme le milieu des joncs : l'escorce fort tenuë, & pleine d'vn suc tres-doux, lequel on exprime. Les branches des Cannes se plantent au mois de Mars en terre bien beschée auparauant, & disposée par seillons : puis sur l'hyuer au temps du Solstice on coupe lesdites Cannes par le pied, laissant les racines & troncs pour rejeter l'année suiuante, dautant qu'elles durent deux ans. Ces branches couppées on les rompt & taille en menuës pieces, puis on les fait boüillir auec eau sur le feu dedans de grands chaudrons, où le succre se purge & écume : & apres cela on le passe par vne chausse de drap, & le fait on recuire, tant que toute l'eau soit consommée : par ce moyen la liqueur demeure plus dure & nette. Enfin pour la troisiéme fois on le fait recuire en vne autre chaudiere, le batant & remuant cependant qu'il boult, tant qu'il s'endurcit comme sel au fond du vaisseau.

La premiere fois il est tout noir, mais estant recuit par deux ou trois fois, il deuient fort beau & blanc ; & lors on le met dedans des moules & vaisseaux de terre, puis estant restoidy il se congele en masse de succre.

Du Ryz.

EN Lombardie (qui est toute terre grasse) il croist aux lieux plus humides grande quantité de Ryz, sur planches & carreaux enuironnés de petits fossez pleins d'eau, afin de les faire mieux profiter. La fueille est semblable à celle de la Canne, sinon qu'elle est charnuë comme celle d'vn pourreau. Son tuyau est plus haut qu'vne coudée, & noüeux: plus gros & plus ferme que celuy du froment, en la cime duquel il vient vn épy party en petites branches, aux deux costés desquelles est le grain: l'escorce duquel est jaunastre, rude, & ayant de petites costes qui le rendent comme canele, & la figure ouale: & estant dépoüillé de son escorce est fort blanc au dessous.

Du Guesde, autrement appellé Pastel.

EN la Romagne (qui au contraire est presque tout païs maigre) il croist grande quantité de Pastel ; principalement vers la Marque d'Ancone, & és enuirons de Nocera, où il y a vne bourgade nommée Guado, à raison du guesde, autrement appellé Pastel, que l'on y seme & cueille tous les ans en grande abondance.

La fueille est semblable au plantain, plus grasse & noirastre, & la tige longue de deux coudées & plus.

Il s'en fait vn grand trafic, estant ceste plante fort necessaire aux teintures des laines, laquelle a ceste force de les recharger de couleur, & empescher qu'elles perdent leur teint.

De ce Pastel se fait aussi l'*Inde* tant estimé par les Peintres pour representer la couleur du Ciel, qui n'est autre chose que l'excrement & écume rouge nageant sur les chaudieres quand les teinturiers teignent leurs laines, laquelle ils amassent, & font seicher : & ainsi deuient dure comme ocre, & bleuë comme azur, pesante comme pierre, & ressemblant plustost terre ou mineral, que ce qu'elle est.

Du bled Sarrazin.

IL croist en plusieurs lieux d'Italie & en Sauoye vne sorte de froment qui ne se void point en France, sinon en Bretagne où il a esté aporté depuis peu d'années, & maintenant y en a en aussi grande quantité comme de l'autre bled ordinaire, pour le grand profit qu'ils en tirent, tant parce qu'il vient aisément aux terres froides & aspres, dont y en a grande quantité en Bretagne, comme aussi que ce froment multiplie & rend beaucoup: & n'est gueres sujet aux injures des temps, & déreglement des saisons. La plus part des villageois de Bretagne en mangent du pain, & s'en vend aussi aux villes pour le menu peuple; dont il se fait pareillement des fouasses (que nous appellons galettes ou tourteaux) lesquelles estant fraisches sont d'assez bon goust, comme aussi le pain: mais s'ils sont cuits y a plus d'vn iour, ils craquent dessous la dent, côme s'il y auoit du grauier parmy, ce qui est ennuyeux & déplaisât à la bouche. Ceste nourriture engraisse fort, mais elle est de gros suc, & charge fort l'estomach, & est plustost propre pour engraisser les pourceaux, que pour l'vsage des hommes : aussi ne sont-ils engraissez la plus part des pourceaux en Bretagne que de cette sorte de grain qu'ils appellent *Bled noir*: & en Sauoye *Bled Sarrazin*: en Italie *Sarracino*, parce qu'il a esté premierement apporté d'Afrique, ou bien (selon les lieux) *Formentone*, comme qui diroit petit, & vil froment.

Et dautant qu'il est incogneu par le reste de la France, j'en adjousteray icy la description. Il croist premierement vne fueille assez ronde, laquelle auec le temps vient de la forme de celles du lierre, mais plus pointuë, plus molle, & plus jaunastre: puis il produit vne tige fragile, ronde, vuide, haute de 2. coudées, rouge, fueilluë: & apres il vient vne fleur, petite, blanche, grappuë, & amassée, d'où sort vne semence triangulaire, noire dehors, blanche dedans, & fort belle farine, & en grande quantité.

On seme ce grain en Avril, & se moissonne en Iuillet, aux païs chauds, voire se recueille deux fois l'an en mesme champ
en

en plusieurs lieux d'Italie : mais aux lieux plus froids, comme en Sauoye, & Bretagne, il n'est meur qu'à la fin d'Octobre. Et d'autant que l'on en peut assez recouurer de semence pour en esleuer & en voir par tout, ie me suis contenté de la description, sans adjouster icy le pourtraict.

De la Campagne & Terre de Labeur.

Entre les choses plus rares & remarquables de l'Italie, on peut parler de *la Campagne*, qui est vne partie du Royaume de Naples, non sans cause, appellée des anciens *Campania felix*, pour la bonté de la terre, la temperature de l'air, la clemence du Ciel, & disposition de la region, laquelle est moins sujete que les autres aux injures de là haut: estans les saisons bien reglées, voire tellement douces & aymables à nature, que l'issuë de l'Automne semble estre le commencement du Printemps : de sorte que la fueille qui tombe de l'arbre est presque chassée par celle qui vient de nouueau; nature ne pouuant estre oysiue

A a

en ce lieu, où il n'y a pour hyuer qu'vne saison moderée, qui est cause que les éclairs & tonnerres y sont quasi aussi frequents l'Hyuer & l'Esté, comme au Printemps & Automne, ainsi que Pline l'a bien remarqué au 50. chap. du second liure. Aussi il n'y tombe point de neige quelque hyuer qu'il fasse, sinon sur les môtagnes de l'Apennin qui sont voisines & ne s'y void point de glace que raremét en quelque année extraordinaire, encores ne prouient elle de la disposition de l'air, mais seulement de la froideur du vent quand la Bize souffle : & est si legere qu'elle ne demeure doux heures sans se fondre: ce que i'ay mesmes remarqué dedans Rome, combien qu'elle ne soit de beaucoup si temperée.

Et jaçoit que toute la Campagne soit exposée droit au Midy, qui semble deuoir estre cause d'vne ardeur violente durant l'esté, neantmoins la chaleur y est tellement moderée & adoucie par vn petit vent frais & agreable, qui souffle ordinairement à trauers les champs, à cause des collines, & de la pleine mer, que tout ce païs découure à plein estant tout bordé d'icelle ; que ie dirois volontiers qu'il ne s'y recognoift prefque que deux faifons : c'eſt à ſçauoir, vn Printemps remply de fleurs, & vn Automne chargé de fruicts.

Et pourtant les anciens auoient non fans caufe choifi & efleu cefte contrée pour les delices du monde, laquelle pour fa douce temperature a ordinairement l'air plus net, clair, & ferain, que les autres lieux, & produit toutes chofes en abondance, exquifes, & auec la maturité requife: mefmes que la terre n'eſt iamais laffe de porter, ny oyfiue pour fe refaire, n'ayant befoin de fe repofer comme les autres.

Si donc la fuperficie d'icelle eſt plaifante pour la beauté du païs, la diuerſité des champs, l'efpeffeur des forefts, la quantité des bocages, la fraifcheur des riuages, la douceur des collines : & abondante pour la richeffe des vallons, le reuenu des prairies, la commodité des pafturages, la nourriture du beſtail, le furcroiſt d'iceluy, la dépoüille des toyfons, l'excellence & diuerſité des fruicts, la bonté du folage, & grande fertilité du

Aa ij

terroir, en bleds, vins, huiles, mil, bois, & autres choses necessaires pour la vie de l'homme.

Aussi le dedans des montagnes & collines, & le dessous des campagnes parmy les entrailles de la terre, ont leurs richesses à part, qui ne sont à leur égard moins considerables & à priser que ce que dessus; mesmement vn seul lieu est ãt remply de tant de biens, où se trouuent parmy les veines de la terre le Vitriol, l'Alun de roche, le souffre, la matiere dont se fait la Lithargire, la pierre ponce, & autres richesses prouenantes des mines de la terre, dont je parleray cy-apres.

Et outre s'y voyent des choses admirables, à sçauoir des montagnes en feu, des sources d'eau boüillantes, des cauernes effroyables minées par le feu qui court dessous la terre, les souspiraux & ouuertures jettant flamme & fumée auec suye de souffre, des trous dont la seule vapeur éteint tout animal en vn instant: & autres choses que i'ay cy-deuãt remarquées amplement au discours de mon voyage passant par ces lieux.

Or pour le comble de tant de biens &

delices, afin de ne rien obmettre de ce qui rend ce païs plus plaisant & accomply, je diray qu'il n'y a lieu au monde plus abondant en ruisseaux, plus frequent en fōtaines, plus rare en sources de diuerses eaux: les vnes fraisches & douces, les auttes chaudes & minerales, plus singulier pour les bains & estuues, dont chacun a ses vertus & proprietez particulieres pour la guerison d'vne infinité de diuerses maladies, ny plus remply d'estangs, & de lacs, tant d'eaux douces que salées, de petits golfes, de quantité, & diuersité d'excellēt poisson, de beaux ports de mer bien seurs, & naturellement couuerts & deffendus en l'abry des vents, ny de meilleures salines que celles de ce riuage.

Outre ce tout le païs est ou trauersé, ou bordé de belles riuieres plus pour la cōmodité des voitures jusques aux ports: & d'autre part s'élargit comme tendant son giron, & estendant les bras sur vn plaisant riuage, tant pour receuoir & serrer les marchādises, & richesses estrangeres, cōme pour debiter les siennes, & se courir non seulement ses voisins: mais aussi par la commodité de la mer, departir par tout le monde, de ce que nature luy donne si opulemment.

Mais autant que la Campagne surpasse en bonté & valeur toutes les terres du monde, d'autant est elle surmontée par vne partie d'icelle appellée *la Terre de Labeur*, que la nature a si prodigalement doüé, & enrichy de tout ce qui se peut remarquer d'excellent, de rare, & particulier en tant de diuers païs, qu'il semble vrayement, considerant ceste contrée, que nature mesme en s'ébattant ait pris plaisir d'accumuler toutes ses graces en vn seul lieu, pour singulieres delices des hommes. ou pluſtoſt, comme pour la perfection de ses œuures.

Ceste riche & opulente petite estenduë de païs fut nommée des anciens *Laborini campi*, & encores aujourd'huy en Italien *Terrra di Lauoro*, soit pour la graisse du terroir qui ne se peut labourer, que par la force des buffles, comme i'ay dict cy-deuant : soit pour le trauail qu'il faut que le laboureur apporte à la culture de telles terres : ou pour la grande fertilité d'icelles qui portent en abondance sans se reposer ny jamais se lasser.

Du Palmier.

LE Palmier entre les arbres semble estre des plus remarquables. Pline dict qu'il y en a de 49. especes, mais je n'en ay veu en Italie que d'vne sorte, qui est la plus excellente: toutesfois il y a doute si c'est celuy duquel Pline entend parler, & qu'il louë pardessus tous en ces mots: *Clarissima omnium palma quas regias appellauere, ab honore: quoniam regibus tantum Persidis seruabantur, Babylone nata vno in horto Bagou*: car par ces derniers mots il veut noter qu'ils ne croissent qu'au lieu qu'il nomme.

Quoy que ce soit, cét arbre ne croist point en France, & est rare en Italie, mesmes qu'il ne s'en void point aux lieux tirans vers la mer Adriatique du costé de Septetrion, ains seulement de là l'Apennin vers la Mediterranée qui tire plus au Midy: & mesmement le long de la coste de la mer il se void quelques beaux palmiers fort gros & tres-hauts, principalement és jardins & Cloistres des Conuents, où on en a edifié par curiosité:

toutesfois la plus part ne portent iamais fruict, l'air & le climat n'estant propre à leur naturel, qui se nourrit & maintient par la chaleur du soleil, laquelle n'est assez vehemente en Italie pour la parfaite maturité du fruict: qui est cause que Pline en parle en ces termes, au 4. chap. du 13. liure. *Nulla est in Italia sponte genita, nec in alia parte terrarum nisi in calida: frugifera verò nusquam, nisi in feruida.* Neantmoins j'en ay veu à Rome, à Naples, & autres lieux chauds, bien chargez de fruicts qui meurissoient en perfection: & mesmes y en ay mangé d'vn palmier qui est à Rome dedans le Cloistre & Preau de S. Pierre in Vincula : lequel est tres-haut & beau, & auoit quantité de fruicts lors que j'y estois : combien que Pline au mesme chapitre que dessus, tienne qu'ils ne portent point en Italie, vsant de ces mots : *Iudæa inclyta palmis. Sunt quidem & in Europa, vulgoque Italia, sed steriles. Ferunt in maritimis Hispaniæ fructum, verùm immitem : dulcem in Africa, sed statim euanescentem.*

Vray est qu'il y en a (comme de la plus part des autres plantes) de masles, & de femelles,

femelles, dont les vns ne portent point de fruict, ains seulement des fleurs sur la cyme. Dauantage ceux qui en ont escrit tiennent que les femelles sont steriles, s'il n'y a des masles plantez aupres: de sorte que Pline au chapitre susdit, en parle ainsi: *Cæterũ non sine maribus gignere fœminas sponte edito nemore confirmant: circaque singulos plures nutare in eum pronas blandioribus comis. Illum erectis hispidum, afflatu, visuque ipso, & puluere etiam reliquas maritare. Huius arbore excisa viduas post steriles cerè fœminas. Adeoque est Veneris intellectus, vt coitus etiam excogitatus sit ab homine, ex maribus flore, ac lanugine interim verò tantùm puluere insperso fœminis.*

Ce qui est confirmé par la plus part de ceux qui en ont escrit. Toutesfois pour ne contredire à leur opinion, qui en partie peut sembler pluftost fable que verité: Ie diray qu'il y a certainement des amitiés manifestes qui se recognoissent mesmes entre quelques plantes de diuerse espece: comme entre le Figuier, & la ruë, laquelle profite infiniment estant plantée soubs iceluy Et le semblable

Bb

entre l'Ormeau masle & la Vigne qui estans joints ensemble profitent à l'enui l'vn de l'autre.

Au contraire le Chou & la Vigne sont tellement ennemis incompatibles qu'estans plantez l'vn pres de l'autre, la vigne non seulement fuit le chou, & s'en éloigne naturellement: mais dauantage, comme son naturel, qui est de s'acrocher à tout ce qui luy est proche, & chercher tout au tour d'elle les lieux propres pour entortiller ses fourchettes afin de se soustenir, & grimper plus haut: tant s'en faut qu'elle se vueille lier au chou, que mémes si on l'en approche, elle se separe & retire d'elle-mesme en peu-d'heures: & si on entortille ses fourchettes aux fueilles ou cottons du chou, elle les deffait tost apres, & s'en éloigne du tout, ne pouuant estre contrainte: voire demeurera plustost trainante par terre que d'y estre attachée: ou si elle est retenuë par force, on void qu'elle ne profite point, ains deuient comme chesmée & abastardie, dont il se remarque encores plusieurs beaux exemples secrets de nature; mesmement celuy que Pline allegue au premier chapitre du 24. liure, où il dict, *Quercus & Olea pertinaci odio dissident, vt altera in alterius scrobe depactæ moriantur: Quercus verò & iuxta nucem iuglandem.* Ces exemples me font trouuer assez d'apparence de verité en ce qui se dit du palmier, non pas en tout, mais en vne partie seulement: principalement ne pouuant croire que la femelle soit sterile quand il n'y a point de masle, qui est rendre les plantes trop semblables à la nature des animaux, & leur attribuer ce que la raison ne nous permet de croire ; ioint aussi que j'ay veu des palmiers seuls portans fruict. Pour ceste occasion il faut considerer les paroles de Plines, & combien qu'il soit veritable, n'estimer toutesfois verité tout ce qu'il écrit, ains distinguer ce qu'il asseure, d'auec ce qu'il laisse en doute : comme en ce passage parlant du palmier, il dit *confirmãt*, & en autres lieux *ferunt*, *aiunt*, & autres mots semblables, ne voulant se dire autheur de telles choses qu'il ayme mieux laisser en doute sous l'opinion commune, ou de ceux de qui il l'a appris, que de les approuuer legerement, & les confirmer par son authorité : comme au contraire il a de couftume parler pofitiuement des chofes qu'il tient pour certaines, & veut affeurer.

Ce que remarquant bien en lifant il fe trouuera plus veritable que plufieurs ne le penfent, faute de bien prendre garde à fa façon d'écrire, quand il remet fur la foy d'autruy ce qu'il a appris, comme il dict au 7. liure chapitre 1. *Nec tamen ego in plerifque obstringam fidem meam, potiufque ad authores relegabo, qui dubijs reddentur omnibus*; alleguant feulement le dire des autheurs, fans en auoir luy-mefme autre affeurance, ny fait experience.

Le Palmier peut venir de branches côme font tous arbres remplis de moüelle, comme il eft: mais il vient auffi de noyau, & pour le femer y a deux chofes remarquables: L'vne qui eft non feulement differente, mais auffi contraire au naturel de tous autres arbres, parce que fon noyau veut eftre mis en terre le germe contre bas. L'autre, qu'vn noyau eftant femé feul ne peut leuer ny germer; de forte qu'il faut en lier deux enfemble, voire quatre, afin que l'arbre foit plus fort: car tous les germes s'affemblent & ioignent ēn vn, dont il se fait le plus souuent vne seule tige, qui par ceste vnion est renforcée, & profite au double. Et comme cét arbre est de longue vie & durée, aussi le noyau demeure deux ans en terre premier que germer: puis apres est encores fort long-temps à croistre auant que l'arbre soit paruenu à juste hauteur pour porter fruict: Combien qu'il y en a quelque autre espece moindre qui ne tarde tant: mais j'entens icy parler seulement de ceux que j'ay veus.

Ils croissent volontiers en terre legere & sabloneuse, & ne peuuent endurer le fient. Dauantage ils ayment les lieux aquatiques, & se plaisent principalement vers les riuages de la mer: ou bien s'ils en sont trop éloignez, ils profitent beaucoup mieux si on épand du sel sur la terre, qui est au dessous, mais non trop pres du pied: afin que l'eau suruenant les racines soyent arrosées de ceste amertume, qui rend le fruict plus doux. La beauté, la rareté, & forme extraordinaire de l'arbre & du fruict sont cause que ie le décriray au long.

Le palmier est vn arbre tres-haut, toufjours droict, ayant le tronc & la tige tout écaillés depuis le bas iusques au haut, & raboteux par petites figures rondes, & aduancées comme par degrez, qui sont les places des branches & fueilles qui sont tombées ou ostées, dont la marque demeure comme vn gros nœud : & par ce moyen est fort facile d'y grimper, comme si nature auoit voulu ayder l'homme pour recueillir le fruict, estant l'arbre si droict & si haut, qu'il ne se pourroit pas trouuer d'échelles assez grādes pour y arriuer. Et n'a qu'vne seule tige qui ne produit pour branches & fueilles qu'vne forme de roseaux, dont les branches sont presque triangulaires plustost que rondes : & le milieu plein de mouelle, tendre fort douce que l'on appelle, ceruelle de palmier, comme aussi en Latin, ainsi que Pline au chapitre susdit vsant de ces mots, *Dulcis medulla earum in cacumine, quod cerebrum appellant* : ce qui est à l'exemple du Grec qui l'appelle ἐγκέφαλω φοίνικος, ce que Muret a remarqué en vn chapitre de ses Obseruations reprenant vn qui vouloit entendre ces mots pour la ceruelle du Phenix, qu'il disoit estre douce, suiuant vn passage de Plutarque qui vse de ces mesmes termes.

Les fueilles sont doubles, longues de demy-pied, large d'vn doigt, & plates, en forme d'vne lame d'espée, & fort pointuës au bout, attachées à la branche des deux costez d'icelle, & rangées ainsi que les dents d'vn peigne, ou comme les deux costez d'vne plume, sinon que les bouts ne se vont ainsi éloignant, ains se rangent & approchent l'vn de l'autre.

Au reste les branches & fueilles sont fort espesses & entassées sur la cime, se soustenant en forme d'arcade, dont les bouts sont pendans contre bas, & toutes les fueilles qui sont le long de la branche sont comme herissées & redressées contre mont, & tellement touffuës que la voûte qui est au tour de l'arbre sert bien souuent de couuerture & deffense de la pluye à ceux qui se veulent retirer dessous : ce qui est en toute saison, parce que les fueilles ne tombent point.

Le fruict ne vient parmy les fueilles comme aux autres arbres, ains parmy les plus basses branches, & non attaché à icelles, mais au tronc, duquel il sort premierement de gros boutons, longs d'vn pied, lesquels venant apres à s'éclore & ouurir, il en sort comme d'vne bourse ou fourreau, fort grande quantité de fleurs, lesquelles venāt à se jetter hors, sont pendantes a des longues queuës deliées cōme fil, & amassées en vne grosse grappe, ressemblant aux fleurs du saffran: mais moindres & blanches, lesquelles estant bien épanouies & fleuries, & toute la grappe estāt hors du fourreau ou bouton, de là viēnent les dattes ou datyles, laquelle couuerture & sorreau comprenant la grappe est appellée en Latin *palma Elate*, autremet *spata*, qui est longue d'vn pied & demy, & ainsi la nomme Dioscoride, combiē que Pline ait pensé que ces mots fussēt noms particuliers d'vne autre espece de palme. La grappe seule sans la couuerture est ordinairement de la lōgueur d'euiron deux pieds pendante près de la tige. Les fruicts sont en maturité en mesme temps que les dernieres figues d'Automne, & lors on les cueille pour les mettre secher au soleil auant que les manger. Il se trouue des dattes blanches, des noires, ou brunes. Ie ne diray rien de la forme du fruict

fruict ny de son noyau, puis que nous en voyons en France ou on en transporte. Et dautant que l'arbre vient plus naturellement en Phenicie qu'en autre lieu, les Grecs l'ont aepellé φοίνιξ & les Latins *Palma*. Les fruicts φοίνικες & δάκτυλοι, en Latin *Palmulæ*, ou *Dactyli*, & aussi *Phænicobalanus*.

Et croissent en grande quantité en Candie, & encores plus en Cypre; mais les meilleures sont celles de Iudée. On en apporte aussi quantité de Syrie & Alexandrie: mais à Naples elles viennent la plus part de Barbarie.

Quelques nations en font du pain, ainsi que dit Pline, mais en Leuant & en Arabie, ils en font plus ordinairement du vin; Le mesme Autheur au xi. ch. du 13. liure rapporte que les Anciés se sont premieremét seruis des fueilles du palmier pour y escrire premier qu'ils eussent les autres inuentions qu'ils ont depuis trouuées: & vse de ces mots, *Ante chartarum vsum in palmarum folijs primo scriptitatum*; mais parce qu'il ne dit point en quelle façon ils s'en aydoient, & que cela semble estre malaisé à faire, ou au moins mal propre pour

Cc

cét effect, & peu commode pour l'vsage, tant à cause qu'il ne peut pas tenir beaucoup d'écriture en châcune fueille de palmier, comme aussi qu'elles ne sont propres à receuoir l'escriture, sinon estant seiches, & apres ne se peuuent plus aucunement plier sans rompre, & n'y a aussi moyen de les accommoder & joindre ensemble, soit de colle ou autre matiere: & encores moins de les relier en forme de liure, que tout ne cassast en tournant les fueillets: Tellement que pour écrire tout vn liure en telle sorte, il faudroit vn grand nombre de fueilles de palme, lesquelles il seroit difficile de tenir & rediger châcune en son ordre, & sans confusion, estant en telle multiplicité qu'il est besoin, pour contenir vne longue matiere & discours, comme peut faire vn gros liure.

Pour ceste occasion j'adjousteray icy ce que j'en ay veu, s'estant trouué en diuers lieux de telles escritures dedans de vieux, & anciens murs, esquels on a découuert des cachots de brique & massonnerie: & aussi dedans quelques vieux sepulchres, lesquels estans fouillez & ouuerts, il s'est trouué en aucuns des lettres, ou mémoires: & en autres de petits escrits sur des fueilles de palmier, dont m'en fut mōstré vn à Rome par le Sieur Fuluio Vrsino, qui le tenoit cher & gardoit curieusement en son cabinet, où y auoit plusieurs autres choses antiques & rares desquelles j'ay parlé en leur lieu: lequel liure estoit de la façon cy-apres descrite.

Les plus larges fueilles de palmier estant rangées à plat l'vne sur l'autre, couppées de mesme longueur, & vniment égalees de tous costez, il y auoit vn petit pertuy à l'vn des bouts trauersant toutes les fueilles ainsi disposées, par lequel passoit vne petite corde en la mesme façon que les Notaires & Greffiers font aujourd'huy leurs liaces, & tant au commencement comme à la fin, c'ést à dire dessus & dessous, y auoit deux petits ais de bois pour tenir le reste ferme. Ainsi châcune fueille de palmier seruoit d'vn fueillet: lesquelles estant escrites de part & autre; quand on venoit à lire, on suiuoit l'ordre qu'elles estoient enfilées, les coulant l'vne apres l'autre le long de la ficelle au pris que l'on lisoit: puis ayant tout leu, & tirant l'vn des bouts de la ficelle, elles se rassembloient toutes d'elles-mesmes, & se rangeoient en leur lieu, cõme elles auoient premierement esté disposées, se trouuant par ce moyen toutes égales, comme vn liure auec ses fueillets. Et ce qui ne se pouuoit mettre en vn seul, ils en faisoient cinquante ou soixante tomes, les vns gros, les autres moindres; ou par petits liures, selon le traicté de chacune matière diuerse.

Puis sur la couuerture de châcun tome y auoit des chiffres pour cognoistre l'ordre d'iceux : lesquels estant fermez il restoit deux ou trois pieds de longueur de la petite corde, dedans laquelle le tout estoit enfilé : & seruoit icelle longueur pour en rouler au tour du liure, le lier, & tenir ferme.

De ceste façon s'en est trouué en quelques anciens sepulchres & cachots des vieilles masures : mais la lettre se trouue tellement examinée que l'on n'y recognoist fort peu, sinon la forme & reliure du liure: céte façõ d'écrire sẽble estre principalement propre pour lettres missiues, & est vraysemblable que les anciens s'en sont seruis à cét effect auparauãt qu'estre venus à l'escorce des arbres, & autres inuentions depuis trouuées: y estans inuitez par la commodité apparente, & facilité du port: & qu'ayant ainsi roullé la ficelle au tour, ils y pouuoient y adjouster quelque cachet.

Des Orengers, Citronniers, Limons, Ponciles, Cedrins, & Grenadiers.

LEs Orengers, Citronniers, Limons, Ponciles & Cedrins sõt d'vne mesme espece, & croissent en abondance auec le fruict, en Ligurie, Toscane, terre de Rome, Campagne, Poüille, Calabre & par tout le Royaume de Naples. Et dautant qu'il y en a quantité en Prouence & Languedoc, & que la curiosité nous en fait aussi voir quelques-vns en France, je n'en diray autre chose sinon que ces arbres ne laissent point leurs fueilles; & ont outre de remarquable qu'en toute saison ils sont chargez de fruicts: & qui plus est, y en a ordinairement de tous meurs, d'autres fort aduancez, & gros pour meurir apres, & encores d'autres fort petits commençant à se former : & auec cela vne grande quantité de fleurs, dont l'odeur est tres-douce & agreable, propre à mettre parmy les habits, & excellente pour la composition des parfuns. Et le tout se void en vn seul arbre, & en toute saison, sinon que l'hyuer il n'y a point de fleurs. Il y a aussi grand nombre de grenadiers chargez de leurs pommes.

Des Oliuiers & du moyen de faire l'huile.

LEs Oliuiers croissent par toute l'Italie, fors en Lombardie, parce que le païs est trop froid & humide pour y voir le fruict en maturité : car il ne fleurit qu'au mois de Iuillet aux païs plus chauds, & n'est meur qu'és mois de Nouembre & Decembre.

Ie ne décriray l'arbre ny le fruict, dautant qu'il s'en void quelques-vns en France, édifiez pour plaisir, & non pour esperance d'en auoir du fruict, lequel en nos quartiers ne peut venir en maturité, combien qu'ils croissent en quantité &

pleine perfection, en Prouence & en Languedoc.

Quant est du moyen de faire l'huile, on cueille les oliues toutes verdes: (car elles ne meurissent iamais en l'arbre) on les met en tas sur les carreaux en vn grenier, & y demeurent iusques à tant qu'elles se fletrissent: apres on les met sous la meule; puis au pressoir auec eau chaude, & ainsi elles rendent l'huile: dont y en a de trois sortes.

La premiere est appellée en Latin *flos olei*, & en François *huile vierge*, pource qu'elle vient sans pressurer, & est fort claire & nette; de couleur plus pasle que les autres, douce à la bouche, plaisante au goust, & agreable au sentir: & pourtant est propre à manger creuë, & mesmement en sallades.

La seconde est celle qui a passé par le pressoir, laquelle se trouue plus grasse, plus espesse, plus grommeleuse, plus dorée, & moins delicate que l'huile vierge, à cause de l'expression du mar, & de l'amertume des noyaux, qui par le pressurage corrompt quelque peu ceste premiere douceur naturelle, & luy rend le goust moins suaue, & la senteur plus forte, estant neantmoins ceste seconde huile dont on vse ordinairement pour manger creuë & cuite, combien qu'elle soit plus propre à frire, ou à meslier, & à faire des oignemens, à cause de l'amertume qui luy donne plus de chaleur pour agir dauantage. La troisiesme vient de la derniere expression, & pourtant est plus terrestre, plus sale, plus chargée de couleur, moins grasse que la seconde, & a neantmoins la senteur plus penetrante, & plus forte, & participe dauantage de l'amertume des noyaux. A ceste occasion elle est plus propre à brûler és lampes que pour l'vsage du manger. Et pour la conseruation de l'huile on y adiousté quelque quantité de sel en la faisant : car autrement elle ne seroit de garde, ains se corromproit en peu de temps.

Du Liege.

Pline au 16. liure, chapitre 8. a décrit l'arbre du Liege en ceste sorte. *Suberi minima arbor, glans pessima, rara: Cortex tantum in fructu, ac renascens: atque*

que etiam in denos pedes vndique explanatus. Et encore qu'il décriue cét arbre comme estant fort petit, neantmoins on peut iuger le contraire par ces derniers mots, puis que son escorce est de telle largeur, quand elle est estenduë & applanie, comme il tesmoigne luy-mesme. Aussi diray-je que le Liege est vn arbre moyennement grand, & gros ainsi que le prunier: sinon qu'il est fort espais d'escorce. Il y en a de deux especes, combien que Pline n'en fasse point de distinction, & tous deux portent gland, & sont tousjours verds. Ils ne viennent aucunement en France, ny mesmes en Italie, sinon en quelques contrées; ce que Pline a aussi remarqué à la fin du mesme chapitre, en ces termes. *Nec in Italia lata nascitur, aut in Gallia omnino.* Il en croist en diuers lieux de la Toscane, & s'en voit en grande quantité, principalement dedans les bois, que l'on passe depuis Baccano iusques à Rome, & sur tout ce chemin. Ceux qui croissent vers Pize, Liuorne, & sur la coste de la Mer, ont les feüilles longuettes, vnies tout autour, & pointuës par le bout.

Dd

210 *Voyages & Observations*

Mais ceux que l'on voit autour de Rome, les ont plus larges, & presque en façon ouale, & decoupées à l'entour par petites pointes, ainsi qu'elles sont icy representées.

Et encores que le bois serue pour charpenterie, neantmoins l'arbre est principalement estimé pour son escorce, laquelle est fort espaisse, fort tendre, rare, spongieuse, & legere. Et dautant que l'arbre consiste presque plus en escorce qu'en bois, les Grecs au lieu de dire *escorce d'arbre*, disent *arbre d'escorce*, comme estant sa principale partie : ce que Pline au chapitre susdit declare par ces mots. *Præterea vsus eius in hyberno fœminarum calceatu: Quamobrem non infacete Græci corticis arborem appellant.* Et faut entendre ce passage en cette sorte, & non comme quelqu'vn l'a traduit, disant qu'ils appellent les femmes escorcé d'arbre, à cause de leurs hautes pantoufles de liege. Ce qui est plus remarquable en cét arbre, c'est qu'il a vne chose extraordinaire, & differente de tous les autres, lesquels meurent si on leur oste l'escorce tout autour, dautant que par là monte la seue qui leur donne nourriture : & le Liege tout au contraire, & seul de tous les arbres, non seulement endure estre despoüillé de toute son es-

Dd ij

corce, mais qui plus est il en profite beaucoup mieux puis apres qu'elle a esté entierement arrachée, comme tesmoigne Pline au XXIV. chap. du XVII. liure, où il dit parlant des arbres en general: *Cortice in orbem detracto necantur, excepto subere, quod sic etiam iuuatur; crassescens enim perstringit & strangulat.* Aussi nature preuoyant que pour l'vtilité de l'homme cét arbre seroit souuent despoüillé de son escorce, elle luy a donné cette particularité entre tous les arbres, qu'à luy seul il en reuient de nouuelle: voire plus forte, & plus espaisse que la precedente, qui est vn grand reuenu & profit que l'on tire de sa despoüille. Toutesfois quand on pelle l'arbre, il ne demeure pas entierement desnué, car il luy reste encores vne petite peau qui se separe d'elle mesme d'auec l'escorce, se tenant ferme & attachée au bois, entre lequel & icelle monte la seue qui va pour la nourriture de l'arbre, & enfin cette petite pellure, & pellicule, de tendre & delicate qu'elle est, deuient escorce dure, entiere, & parfaite. Quant au bois, il

d'Italie, &c. 213

n'est aucunement sujet à la pourriture, ny à la vermoulure, ains est de ceux qui se conseruent dauantage, & durent plus long-temps.

Des *Noix de Galle*, & *des arbres qui les portent.*

LEs Noix de Galle viennent fort communément par toute l'Italie, & y a plusieurs especes d'arbres qui en produisent, & presque tous ceux qui portent gland, dont aucuns ont aussi certaine matiere spongieuse, & surcroissante, outre la noix de Galle: dequoy Pline sur la fin du VI. chap. au XVI. liure, parle en ces mots: *Fungosam carnem fieri Esculo, Robore, Suhere*: ce qu'il faut entendre d'vne abondance d'humeur, qui comme vn fruict naist parmy les branches en forme de pommes, sortant seulement en plein Esté, & rend vne eau infiniment aspre & astringente, tellement que pour sa grande acrimonie on ne la peut endurer en la bouche, & seroit impossible d'en aualer, parce qu'elle s'arreste au gosier, & par sa secheresse mordante & astringente, le resserre & tient comme collé: & attache la langue au palais, ne se pouuant à peine mouuoir, & remuer. Mais quant aux *noix de galle* il dit apres: *Quæ glandem ferunt, omnes & Gallam alternisque annis glandem.* Toutesfois il y a principalement deux especes d'arbres qui portent la meilleure *Noix de Galle*, l'vn appellé *Hemer*, & l'autre *Latifolium*, parce qu'il a les feüilles plus larges ; dont le premier porte les meilleures noix: Aussi dit-il apres au mesme chapitre : *Sed Gallam Hemeris optimam & corijs perficiendis aptissimam. Similem his Latifolia, sed leuiorem, minusque probatam fert, & nigram. Duo enim genera sunt, hæc tingendis vtilior.* Et au mesme chapitre dit vn peu plus haut. *In ipsis verò arboribus, quæ maximam fert, Hemeris vocatur, breuior, & in orbem comosa, aliasque ramorum crebro cauata.* Puis au IV. chap. du XXIV. liure. *Nec pauciora Gallæ genera fecimus : solidam, perforatam : item albam, nigram : maiorem, & minorem: vis omnium similis*. Nous n'auons point en France de *Hemeris*, ny aussi de *Latifolium* : & quant aux autres chesnes, ils n'y portent point de *Noix de galle*, parce que le pays n'est assez chaud, ou plustost assez temperé pour le temps de la naissance, ny assez chaud pour la perfection & maturité requise. Car elles ne commencent à naistre & se procréer que vers le mois de Iuin : & si vne trop grande chaleur les surprend, elles ne font plus que flétrir & se desseicher, tellement qu'il est requis vne grande temperature pour le temps auquel elles commencent à sortir. C'est la raison pour laquelle nos arbres à gland ne portent point de noix de Galle, mais bien de l'autre espece de pommes spongieuses & aiueuses; & quelques autres seiches & dures, chargées de laine molle : & plusieurs autres choses diuerses que Theophraste remarque aux VIII. & IX. chap. du III. liure de l'histoire des plantes. On remarque dauantage vne chose admirable, tant en la *Noix de galle*, comme en *la Pomme du Chesne*, qui l'vne & l'autre prognostiquent tous les ans la paix ou la guerre? la fertilité ou sterilité de biens, la bonne disposition de l'air, & santé des corps, ou la corruption & pestilence de l'année. Si donecques en la *Noix de galle*, ou en *la Pomme du Chesne*, on trouue vne Mousche, c'est signe de guerre; s'il n'y en a point, c'est paix. S'il s'y trouue vn Vermisseau, il promet vne bonne année, fertile & abondante en fruicts; & s'il n'y a point de Vers, c'est vn presage de sterilité : (toutesfois aucuns interpretent la signification du vers tout au contraire,) disant qu'il denote la sterilité. S'il y a dedans vne Araignée, elle menace de pestilence & autres maladies contagieuses ; & s'il n'y en a point, c'est vne esperance d'vn air sain, pur, & net, lequel entretiendra les corps en bonne disposition. Aussi nos ancestres qui s'arrestoient fort à l'obseruation des choses naturelles, par lesquelles on peut faire iugement de l'aduenir, & qui s'adonnoient curieusement à telles recherches : enfin en ayant par longues années fait experience, l'ont voulu tesmoigner par ces huit vers, comme c'estoit leur coustume de faire en tout ce qu'ils trouuoient digne de remarque, pour en laisser par tradition de pere en fils vne memoire, & enseigne, à leurs enfans & posterité. Les vers sont tels.

Si tu regardes dans la pomme
D'vn chesne, tu trouueras comme
Sera l'vn de ces trois diuers:
Vne Mousche, vne Araigne, vn Vers,
Si vne Mousche, attens la guerre:
Si vn Vers, force biens sur terre:
Et s'il se trouue vne Araignée,
Mortalité toute l'année.

Du Scotano, ou Rosso.

L'Arbre que les Italiens appellent Scotano, & les autres Rosso, a esté nommée en Latin *Cotinus*, lequel ne croist qu'en Italie sur le mont Apennin, dont Pline n'a fait mention que briefuement, & en vn seul lieu, qui est au XVIII. chap. du XVI. liure, où il dit seulement. *Est & in Apennino frutex qui vocatur Cotinus ad lineamenta modo conchyli colore insignis.* Cette briefueté est cause que ie le descriray icy plus au long.

Le *Scotano* est vn arbrisseau fort branchu, lequel ordinairement croist enuiron de la hauteur de dix ou douze pieds, & aucuns dauantage. Il a les feüilles presque rondes, sinon que vers le bout elles sont en forme ouale; elles sont grosses & espaisses comme celles du chou, & ont l'odeur mal plaisante. Les branches sont menuës, serrées ensemble, & fort touffuës, dont l'escorce est de couleur rougeastre. Le tronc est gros comme le bras d'vn homme, & iette force branches. Le bois est fort iaune au dedans, de sorte que les teinturiers s'en seruent pour l'vsage de pareille couleur en teintures. La cyme de chacune branche est fort chargée & couuerte de menu branchage espais & touffu comme les brins des feüilles de fenoüil, ou bien comme le haut du tige des asperges, lors qu'elles sont en graine, sinon qu'elles sont plus dures & solides en bois, ainsi que les branches du genest. Elles s'estendent en rondeur, couurant toute la grosse & principale branche qui les porte. Elles sont de couleur viue, de blanc rougeastre: & y vient de petites gousses longuettes esquelles est la semence, laquelle est d'vn vermeil tres-excellét en couleur, cóme le vermillon que l'on apporte d'Espagne, lequel y croist aussi en vn arbrisseau tout different de cettuy-cy: ne cedant l'vn ny l'autre au vermillon qui prouient des minieres de la terre, ains est plus beau & plus vif en couleur: de sorte que non seulement les Teinturiers s'en seruent, mais aussi les Peintres, pour representer plus naïuement vne fleur, ou donner vne couleur viue aux lévres des ieunes personnes qu'ils pourtrayent. Et mesme les Dames d'Italie s'en aydent ordinairement, pour se donner de la couleur aux joües & aux lévres. Il y a bien quelques autres especes de vermillon, & entr'autres celuy qui croist en Cilicie sur des chesnes, en forme de petites coquilles de limaçons: mais celuy que nous voyons plus commun chez les droguistes, est le vermillon de l'vn ou de l'autre de ces deux petits arbrisseaux.

E e ij

Du Senay.

LE Senay dont on vse en medecine est vne plante estrangere dont on nous apporte ordinairement les feüilles, d'Alexandrie, d'Egypte, ou de Syrie. Neantmoins ayant depuis quelques années esté apportée & addomestiquée en Italie, on a trouué qu'elle croist aisément & profite iusques en perfection & maturité par toute la Toscane : principalement vers Florence, où l'on en édifie tous les ans grande quantité. Mais parce que la plante est fort tendre & delicate, elle craint tellement la froidure, que l'on ne la seme point plustost que le mois de May, & ne dure que iusques à l'Automne : encores est-elle auant ce temps saisie dés la premiere matinée plus froide que l'ordinaire de la saison, tellement qu'elle ne profite plus gueres : puis à la premiere froidure qui arriue, elle demeure fletrie, & du tout abbatuë. La plante ne croist plus haut qu'vn pied & demy ou deux au plus, & a le tige menu; les branches souples & ployables comme l'ozier;

les feüilles de rondeur ouale, & attachées en diuers nombre à vne longue queuë, ainsi que celles du Fresne : & au reste sont espaisses, molles, & grasses comme celles des Feues. Les fleurs en sont iaunes, pasles, & rayées de couleur purpurée : Apres lesquelles elle produit de petites gousses recourbées en forme de croissant.

Et sont icelles gousses tellement plates, que les deux costez sont attachez l'vn à l'autre, sinon aux lieux où la semence est en icelles, laquelle est de forme toute semblable à vn pepin de raisin, & de couleur d'vn verd brun. Ces gousses pendent à de petites queuës fort desliés : & quand elles sont meures, le moindre vent qui vient les abbat : lors on les recueille pour s'en seruir en medecine, comme pareillement toutes les feüilles au prix qu'elles se sechent. Aucuns ont pensé que le Baguenaudier fust ce que nous appellons Senay, à cause que la description qu'en font les autheurs est fort semblable, comme sont aussi ces deux plantes, mais non en toutes choses : car le Baguenaudier a ses gousses droictes, enflées & pleines de

E iij

vent, lesquelles estāt vn peu pressées entre les doigts font vn pet: & au dedans y a de petite graine ronde en forme de lentille: dauantage l'arbre croist aucunemēt haut, & dure plusieurs années: Mais le Senay a les gousses tournées en croissāt, nullement enflées, ains sans air au dedās, & y a vne semēce pareille au pepin de raisin; & outre ce, la plāte ne croist gueres haut, & ne dure que quelques mois.

Du Cotton.

AV Royaume de Naples, & principalement vers l'Apoüille, on a depuis quelques années cōmencé à y édifier la plante qui porte le Cotton: laquelle y a trouué le terroir si doux & si propre, qu'elle y est à present fort cōmune. Elle fut premieremēt apportée d'Egypte en Cādie, puis en Cypre, & delà en Sicile, enfin est venuë iusques en Italie, ou on en a tellement edifié, que maintenant on en seme tous les ans grande quantité par les champs & jardins en tout le Royaume de Naples, & y profite si bien, que l'on en tire vn grand reuenu & commodité pour l'abondance de Cotton qui en prouient. Et dautant qu'il ne s'en voit aucunement

d'Italie, &c. 223
en France, j'en representéray icy le pourtraict.

Lequel on connoistra se rapporter à la description que Pline en fait au premier chapitre du XIX. liure, où il dit ainsi. *Superior pars Ægypti in Arabiam vergens gignit fruticem, quem aliqui Gossopion vocant, plures Xylon, & ideo lina inde facta Xylina. Paruus est, similemque barbatæ nucis defert fructum, cuius ex interiore bombice lanugo netur. Nec vlla sunt eis candore mollitiave præferenda. Vestes inde sacerdotes Ægypti gratissimæ.* Quant au reste de la description de la plante, des branches, des feüilles, de la descoupure, de la figure, & disposition d'icelles: du bouton, de la fleur, & forme du fruict, ie m'en remets au pourtraict cy-dessus, qui par la veuë en represente dauantage que ie ne pourrois, par vn long discours.

De l'herbe Sardonique.

IE ne veux icy obmettre de parler d'vne herbe admirable pour ses effects, laquelle se trouue seulement en l'Isle de Sardaigne, & pour cette occasion a esté appellée *Sardoa* & *Sardonia* & *Sardonica*: mais

mais plus communement *Apium risus*, à cause de ses effects: laquelle Dioscoride, & Mathiole disent estre vne espece de *Ranunculus* en François Grenoüillette, respondant au Grec qui la nomme βατράχιον, pource qu'elle croist ordinairement aux marais où sont les grenoüilles: ou pour quelque ressemblance qu'à la fueille à la forme d'vne grenoüille: autres disent que les grenoilles s'ayment fort sur terre parmy ceste herbe, laquelle à ceste occasion a esté appellée par quelques-vns *Apium raninum*, ou *syluestre*, & des autres *Pes Coruinus*, & *Cornopus* & aussi *Pentaphyllon* pour exprimer la figure par le mot, estant diuersement nommée selon la diuersité des Autheurs; mais son nom plus commun est *Apium risus*, qui toutesfois est plus moderne.

Ceste herbe ressemble fort à la Melisse non seulement de fueille, mais aussi de nom Latin: car la Melisse est appellée *Apiastrum*, de sorte que soit pour l'vne ou l'autre ressemblance, ou pour les deux ensemble, Pline se pourroit bien estre abusé par la proximité des mots *Apium* & *Apiastrum*, quand au 20. liure, chap. 11.

F f

il asseure que la Melisse est venimeuse en Sardaigne, vsant de ces mots *Apiastrum Hyginus quidem Melissophyllon appellat. Sed in confessa damnatione est venenatum in Sardinia*, ce qui auroit plus d'apparence si on lisoit simplement *Apium*, entendant parler de ceste herbe, laquelle est puis apres bien à propos nommée *Melissophyllon*, pource qu'elle a la feuille fort semblable à la Melisse qui me fait plustost iuger que ce passage soit corrompu, ou que Pline se soit trompé sur la diuersité de noms qu'il a pensé differens, recognoissant sous les vns l'espece de l'herbe qu'il nomme au dernier chapitre du 25. liure *Ranunculum*, & βατραχιοι, & sous les deux autres precedens a recogneu la force & vertu d'icelle laquelle se rapporte à l'herbe Sardonique, Sardiene, ou Sardoniene, & qui comme particuliere au païs, en a pris le nom.

Quant au goust elles different du tout: car d'autant que la Melisse est douce (ainsi que sonne son nom Grec) autant est aspre l'herbe Sardonique, qui est cause que ceux qui en mangent deuiennent comme insensez, & meurent à force de

d'Italie, &c. 127

rirē. Cē qui prouient, ainsi que dit Pausanias, de ce qu'elle fait tellement tendre & tirer les nerfs, & les muscles, & tordre la bouche, qu'il semble qu'en mourant l'homme rie-

Saluste en fait aussi mention en ces termes : *In Sardinia quædam herba nascitur quæ Sardoa dicitur Apiastri similis : hac ora hominum & rictus dolore contrahit, & quasi ridentes interimit.* De là est venu le prouerbe *Risus Sardonicus* pour vn ris contraint & forcé, qui est plus de la bouche que du cœur, dissimulant le mal caché au dedans : comme il est remarqué par vn vieil Epigramme Grec rapporté en quelque commentaire d'Hesiode parlant en ceste sorte du ris Sardonien,

Σαρδώτις ἐςὶ νῆσος Ἰβηροτρόφος.
Ἐν ἧ βοτάνη φθαρτικὴ γῆς ἐκτρέχει
Σελινοσδὴς, σαρδώνη κεκλημένη.
Βεβρομένη δὲ τοῖς ἀπείροις αὐτίκα
Σπασμύς τε ποιεῖ, καὶ γελλώπονε μφάσεις
Καὶ πότμ(ο) εὐθὺς, καὶ γελάσιμος μόρος.

Quædam insula vocata Sardo Iberia,
In qua herba est perniciosa surgit è solo,
Cui Sardanæ nomen apiastri præferens
Figuram, at ea comesa ab imprudentibus

Ff ij

Mox ora contrahit, atque risus exhibet
Speciem, deinde protinus mors occupat
Imitata risum.

Seruius interpretant ce vers de Virgile,
Imo ergo Sardois videar tibi amarior herbis, tient que l'Autheur a entendu parler de ceste herbe.

Du Platane, Sicomore, Styrax, Iuiubier, Lentisque, & du Myrte. De l'If, & Chesne verd.

L'Italie produit encore plusieurs sortes d'arbres, d'arbrisseaux, de plantes, & diuers simples qui ne se voyent point en France : sçauoir le *Platane*, qui toutesfois n'y est naturel, ains y est edifié par curiosité, dont j'en ay veu à Rome, à Padoüe, & en autres lieux.

Le *Sicomore* qui est fort commun, & principalement à Rome & Naples. L'arbre d'où vient le *Styrax* lequel croist naturellement au tour de Rome, & à Tyuoli, & toutesfois ne iette point de gomme comme celuy qui croist en Syrie vers a Iudée, dont on se sert en medecine.

Le *Iujubier* que l'on edifie en quelques lieux d'Italie, & vient de la hauteur & façon des pruniers.

Le *Lentifque*, qui croift de luy-mefme par toute la Tofcane, principalement vers le riuage de la mer, & à Rome parmy les vieilles mafures: mais en Calabre plus qu'en autre lieu, où y en a qui deuiennent auffi grands que demi-arbres.

Et le *Meurte fauuage* dont on voit grande quantité, au long de la cofte de Gennes, & de la Tofcane, & auffi vers Rome, & fur le chemin de Naples, où les hayes, les taillis & les buiffons en font tous remplis, & y croiffent hauts de deux toifes, rendant vne odeur fort douce & fuaue par tous les champs.

Il y a quelques autres arbres, & plufieurs plantes qu'il feroit trop long de defcrire, auec infinies herbes, & fimples à moy incogneus. Ioint que mon intention n'eft de parler que de ce qui eft plus remarquable.

Quant à la France elle a peu d'arbres qui ne foyent en Italie bien communs, finon l'If, qui ne croift aucunement, ny mefmes en France qu'en quelques contrées, mais fort en Allemagne, d'où on l'apporte pour faire des luths. Et n'y a aussi *des Chesnes verds*, que nous auons en France, au moins n'en ay point veu en Italie. Mais la France peut bien auoir quelques simples particuliers qui ne se voyent en Italie, ny en autres païs plus chauds.

DES MINERAVX,

DES PIERRES, DES Terres, & humeurs grasses, prouenantes des entrailles de la terre.

'Italie produit quelques mineraux, & abonde principalement en trois qui y sont fort communs & frequents en plusieurs contrées: Assauoir *le Vitriol*, *l'Alun de roche*, & le *Souffre*, desquels i'ay parlé chacun en son lieu au recueil de mon voyage, mais succinctement: qui sera cause que i'en diray icy plus au long ce que i'en ay veu & appris.

Du Vitriol, autrement appellé Couperose.

LE *Vitriol* que nous appellons aussi *Coupperose*, & en Grec χαλχάντοι, en Latin *Chalcanthum*, & *Atramentum sutorium*, en Italien *Vitriolo*, parce qu'il reluit comme verre: il se crée en trois sortes. En Cypre il se congele des humeurs qui goutte à goutte s'écoulent dedans certaines fosses. Les deux autres especes se trouuent en la Toscane, la Campagne, & autres lieux d'Italie où i'en ay parlé: dont l'vn est mineral, & croist naturellement condensé és entrailles de la terre, y en ayant de couleurs differentes: l'autre est artificiel, duquel on vse ordinairement aux teintures; mais il est plus ou moins bon selon la disposition des regions, la situation des lieux, la temperature du ciel, & la qualité de la mine, & selon qu'il est fait plus à propos.

Le meilleur est celuy que l'on nomme *Vitriol Romain* (combien qu'il soit de couleur plus morte que les autres): Celuy

Celuy de Cypre tient le second lieu, & le moindre est le Vitriol d'Alemagne qui a la couleur plus viue que les autres.

Il y en a quantité vers Sienne, Rome & Pozzolo aux lieux maritimes. Quant il vient de la mine, il semble plus terre que pierre estant de couleur de rousseur de fer: & quand on fouille & tire cette terre, elle iette vne vapeur fort mauuaise & puante, de pareille senteur que le souffre, à cette occasion on ne la fouille point dedans les cauernes à couuert comme les autres mineraux: ains en lieux découuerts, & exposez à l'air: autrement ceux qui y trauaillent mourroient incontinent estant suffoquez par la puante & forte exhalation qui en sort.

La maniere de faire le Vitriol artificiel.

LA maniere de faire le Vitriol artificiel est de plus grande longueur que de difficulté: pour cét effet il y a plusieurs manœuvres qui tirent grande quantité de cette terre de miniere, & en font de gros amas & monceaux en lieu découuert: puis les laissent ainsi l'espace de six mois,

G g

iour & nuict, au Soleil, à la pluye, au vent, à la rosée, & aux broüillars lesquels tous y seruent & profitent.

Durant ce temps ils la remuènt quelques iours auec rateaux, & espandent les monceaux affin qu'elle soit lauée de la pluye, & sechée par le hâle, puis abbreuée par la rosée, & cuitte par le Soleil; & enfin fomentée parmy les broüillars.

Les six mois passez ils la mettent à couuert en vn tas pour la laisser se refaire, & fermenter six autres mois.

Aprés cela ils choisissent vn lieu où ils puissent conduire de l'eau de quelque riuiere ou fontaine, en vne grande cuve, ou bien en vn creux basty & reuestu de bricque & de chaux, faisant par le dessus vn petit toict pour tenir tout à couuert.

Ainsi ayant fait venir de l'eau nette dedans ce creux, ils y iettent de cette matiere tant qu'ils voyent en estre besoin: laquelle ils broüillent quelque temps parmy l'eau auec certains instrumens de bois propres à cét effet, tant que le tout soit bien détrempé. Par ce moyen les ordures vont à fond: & la matiere de la Coupperose demeure claire & incorporée uec l'eau. Lors ils débouchent des trous ou canelles qui sont à costé prés du fond, & laissent écouller l'eau dedans vn grād receptacle, laquelle ils transportent en des chaudieres de plomb (parce que la Coupperose mange tous autres metaux) posées sur des fourneaux où ils mettent le feu: ainsi font boüillir cette eau quelques heures. Enfin ils iettent dedans vne piece de fer ou d'airain (autrement la Coupperose ne se prendroit iamais.) Ces morceaux de fer ou d'airain iettez, on les voit en peu de temps se fondre, & dissoudre en eau. Estant donc cette liqueur assez longuement cuitte, ils ostent le feu, & la laissent rassoir dedans le méme vaisseau: car si on ostoit incontinent la descoction, les chaudieres de plomb faute d'humidité fondroient par leur chaleur.

L'eau estant tiede, ils la mettent en des vaisseaux de bois où elle se congele & deuient Vitriol. S'il reste quelque partie de cette decoction qui ne se puisse congeler ils la recuisent encores ainsi que deuant.

Gg ij

De l'Alum de roche.

L'Alum de roche se trouue en diuers païs, & y en a des mines en plusieurs lieux d'Italie: entre les autres à Pozzolo, & au territoire de Rome à la Tolfa, qui sont affermées par le Pape.

Il se fait d'vne pierre dure, dont il y a deux especes, l'vne plus dure & plus rougeastre, l'autre plus tendre & blancheastre.

L'Alum qui se fait de pierre blanche garde tousiours sa blancheur & deuient clair comme cristal, & pour cette occasion est plus estimé par ceux qui en vsent aux teintures pour écarlate, qui sont rendues plus viues par cette netteté. L'autre est plus crasseux & moins luisant, plus rougeastre, plus tendre & plus acre.

La maniere de faire l'Alum de roche.

ON tire la pierre d'Alum d'vne roche, toute à découuert & non des cauernes: & pour faire l'Alum y a plusieurs ouuriers auec pics, marteaux, &

coins qui rompent la pierre, ainsi que font ceux qui tirent le marbre ou les pierres de quartier pour bastir. Puis ils portent les pieces es fourneaux où elles cuisent comme la chaux l'espace de 12. ou 14. heures, & non plus, de peur que la matiere ne se déseche trop: Estant refroidies ils les mettent en de grandes places à découuert, exposées au Soleil étendues par monceaux plats en forme de carteaux, & assez épais. Lors ils les arrosent 3. ou 4. fois le iour, iettent de l'eau dessus auec pelles de bois comme celles des mariniers, tant que les pierres se conuertissent en terre grasse, semblable à l'argile moüillée, qui est enuiron l'espace de 40. iours.

Apres ils ont des chaudieres de maçonnerie de chaux & brique, dont le fond & le cul est d'airain en forme d'vn plat, & au dessous y a vn four basty.

Ils remplissent d'eau ces chaudieres & les font boüillir, puis ils iettent de cette terre en l'eau boüillante, & y a deux hõmes qui remuent le tout iusques à ce que la terre soit imbibée & bien incorporée auec l'eau: Et lors ils prennent des pelles dont ils tirent tout l'excrement de la terre qui s'assiet au fond de la chaudiere. Puis ils y remettent encores d'autre terre nouuelle qu'ils remuent pareillement, & aprés la retirent de méme façon que deuant, faisant de méme à plusieurs fois : & en fin laissent vn peu rassoir le tout. Tost apres ils tirent l'eau par canaux qui la conduisent dedans de grandes auges ou caisses de bois de chesne, où elle demeure l'espace de huict iours là dedans : l'Alum se congele tout ainsi que la glace, & de tous costez s'attache au bois l'épesseur de 4. ou 5. doigts, estant semblable à des pointes de diamans, & clair comme cristal. L'eau qui demeure est tirée de là & reportée en la chaudiere : mais on iette le plus terrestre qui se trouue au fond.

Cela fait, ils ont des instrumens de fer, & de bois dont ils rompent l'Alum qui s'est congelé aux costez contre le bois : puis le mettent en des panniers d'osier les plongeant en l'eau pour les lauer, & de là le portent à couuert, & le gardent par monceaux ainsi que le sel.

Le meilleur est celuy qui se fend nettement, & non celuy qui se romp & écrase en petits morceaux comme en poudre, mais bien en petits morceaux déliés & pointus, & doit aussi estre plus estimé quand il est fort blanc, astringent au goust, & de mauuaise odeur.

De l'Alum de Plume.

PVis que iay proposé de recueillir icy ce que iay remarqué de plus beau & rare en mon voyage, il ne sera hors de propos estant sur le traicté de l'Alum de roche, de parler aussi de l'Alum de plume, non pas qu'il croisse en Italie; mais pour dire ce que i'en ay veu d'admirable à Bologne la grasse, au cabinet du Seigneur Alessandro Aldroandi Gentilhôme, Boulongnois Docteur en Philosophie homme tres-curieux, qui me monstra vne seruiete de gros linge, laquelle en ma presence il ietta dedans le feu, où elle commença aussi tost à s'allumer & flamboyer: Puis la retira & me la fit voir toute entiere comme il l'auoit mise. Ce que ie n'admiray comme il s'attendoit, estimant (comme ie luy dis) que ce fut eau de vie dont elle eut esté baignée, laquelle ie sçauois auoir cette force de la faire flamboyer, & neantmoins la preseruer du feu pour quelque temps.

Alors il m'asseura que cela n'estoit point la cause, ains que cette vertu procedoit de la matiere seule dont estoit faite la seruiette, laquelle pouuoit endurer le feu tant de temps qu'on l'y voudroit laisser, sans ressentir aucune alteration. Et pour m'oster cette premiere opinion, & me donner creance à son dire, il me fit toucher, & manier cette mesme seruiette, puis la soüilla en diuers endroits, de tout ce que nous peusmes aduiser, comme de graisse, de fange, & méme d'ancre : & enfin la foula aux pieds pour la sallir dauantage Apres cela, il la reietta encores au feu, où elle me sembla premierement obscurcir, puis rougir, & à l'instant la vis s'allumer & flamboyer comme deuant : & ainsi la laissa long espace de temps pour m'oster tout le doute, & soubçon que ie pourrois auoir.

Or comme ie la consideróis, & la voyois tousiours flamber, & neantmoins demeurer en méme etat : ie commençay à m'étonner de ce qu'elle ne brusloit, & consommoit

d'Italie, &c. 241

sommoit : ny méme ne diminuoit aucunement.

Enfin comme ie fus content de l'auoir assez longuement veüe au feu sans aucune alteration ny changement, il print vn baston, la retira, & laissa refroidir (car elle gardoit quelque temps sa chaleur) & lors ie la maniay encores de nouueau, & trouuay que tant s'en falloit qu'elle fut offensée, ny en rien interessée par le feu; qu'aucontraire elle estoit toute nette, & paroissoit aussi belle que si elle n'eût iamais esté souillée ny tachée.

Lors comme il conneut que i'estois desireux de sçauoir d'où cela prouenoit, pensant qu'il y eût quelque artifice caché; il me voulut contenter de ce que ie desirois de luy, me disant que c'étoit de pareille toile dont on vsoit anciennemēt pour enueloper les Rois quād ils estoient morts, & qu'on les mettoit dedans le feu: dautant que par ce moyen les cendres de leurs corps étant separées de celles du bois, elles demeuroient pures, & entieres, pour estre mises dedans les vrnes, & conseruées és sepulchres : Et que cette toile étoit faite d'Alum de plume, lequel croist

Hh

en Cypre, & autres lieux plus lointains: étant vn mineral qui a cela de particulier & admirable, qu'il se teille, se plie, se laisse manier, & filer, & iamais ne se consomme au feu.

Dont aussi on fait des méches aux lampes, qui brûlent & éclairent tant qu'il y a de l'huile, & enfin demeurent encores en leur entier sans receuoir dommage du feu: & par curiosité on en fait de cette toile.

Toutesfois considerant ce que Pline au chap. 1. du 19. liu. parlant d'vn lin qu'il dit ne se pouuoir consommer par le feu, lequel il appelle *linum viuum*, dont il asseure auoir veu des nappes aux festins, lesquelles étant sales, on iettoit dans le feu, où leurs ordures se consommoient, de sorte qu'elles en sortoient plus nettes qu'elles n'eussent fait de l'eau si on les eût lauées: & que de tel lin étoient faites les robes funebres des Rois pour separer leurs cendres d'auec les autres.

En cela se trouue grande apparence de verité attendu ce que dessus: mais non en ce qu'il adiouste aprés: Que le lin croist aux Indes és deserts & lieux brûlez de l'ardeur du Soleil ausquels il ne pleut iamais: & que à cette occasion le lin croissant s'accoustume de viure en brûlant.

En quoy i'estime qu'il s'est laissé aller à l'opinion que les anciens ont eüe des régions situées sous la zone torride, qu'ils se sont proposez estre inhabitable à cause de la grande ardeur du Soleil qui passé par leur zenit, principalement celles qui sont situées sous l'Equateur: desquelles n'ayant eu la connoissance, ils se sont figuré des deserts qu'ils ont presupposez inhabitables pour l'extremité de la chaleur: ne considerant pas que en tels lieux les iours & nuicts étans égaux, le Soleil demeure moins sur la terre: tellement qu'il y a douze heures de nuict qui rafraichit ce que le Soleil a échaufé tout le iour. Laquelle opinion des anciens a esté suiuie par Pline, comme nous voyons au second liure chap. 68. où il dit *Media verò terrarum qua solis orbita est, exusta flammis, & cremata cominus vapore torrentur.* Mais outre les raisons naturelles qu'on a depuis apportées pour verifier le contraire, on a aussi découuert & trouué par experience, que les regions situées sous l'étendue du Zodiaque, font non feulement habitables, mais auffi plus temperées qu'on ne penfoit.

Et encores il femble qu'il fe foit dauantage trompé en ce qu'il dit, *affnefcitque viuere ardendo*: ce qui a peu d'apparence étant du tout contre nature: dautant que la creation, & croiffance de toutes chofes procede de la chaleur & humidité enfemble.

Premierement par la corruption qui ne fe peut faire par la chaleur feule: puis par la nourriture qui viēt de l'humidité: & s'il étoit autrement il en faudroit autant dire de toutes les autres plantes qui croiffent à ces deferts: étant pareillement nourries & accouftumees à la méme ardeur du Soleil.

Apres cela il adioufte, que fa couleur rouffe reçoit dauantage de luftre par le feu.

Ces derniers mots me font croire quē le lin dont il entend parler, eft vne autre chofe que la matiere dont eftoit faite la feruiette qui me fut monftrée, laquelle tiroit fur le gris blanc, de la couleur de l'Alum de plume que nous veyons ordinaire aux boutiques des Apothicaires; duquel aucuns estiment que Pline ait voulu parler au 19. chap. du 36. liure le nommant *Amiantus* qui est vn mineral duquel il dit *Amiantus Alumini similis, nihil igni deperdit.*

Aussi voit'on que l'Alum de plume est fort semblable à l'Alum de roche: Et pour cette occasion la semblance des deux leur a donné semblables noms, estant l'vn & l'autre appellez Alum en François.

Du Souffre.

L'Italie produit grande abondance de Souffre & en diuers endroits, comme à Pozzola, & autres lieux du Royaume de Naples, en Toscane aux montagnes S. Philippe, & és lieux maritimes: Dont y en a, tant de celuy qui croist de soy-méme naturellement, comme de celuy qui par artifice est fait aux fournaises.

Le Souffre en general est appellé en Grec θεῖον, mais le naturel, autrement dit Souffre vif, est nommé ἄπυρον à cause qu'il n'a passé par le feu, qui est le meilleur pour l'vsage. Il est cendré par dehors & iaunastre au dedans: luisant comme vers qui luisent la nuict: & croist en méme lieu que l'autre qui se tire de la mine.

Ce mineral est creé d'vne substance grasse, chaude, & seche, & est le plus approchant de la matiere du feu.

Pour cette occasion les Alchymistes le tiennent pour l'vn des trois fondemens de leur science: & méme luy donnent le premier rang, l'appellant semence masculine, & premier agent de nature pour procreer tous metaux.

On tire le Souffre des lieux découuerts de tous costez, & non des cauernes sous terre: car en icelles les ouuriers mourroient incontinent, tant par sa chaleur tres-vehemente, comme par sa puante vapeur, dont nous voyons vne preuue euidente à la grotte du Chien, autremēt appellée le Molfette, pres de Pozzolo, qui n'est qu'vn petit trou à fleur de terre en forme de voûte, auquel mettant seulement la teste à l'entrée, vn homme tombe tout pâmé, & meurt tost apres s'il n'y est remedié sur l'heure par le moyen que iay difcouru affez amplemēt, apportant les raifons d'vne fi prompte mutation & éuanoüiffement, ou plutoft pafmoifon dont les efprits font furpris: ce qui fe peut voir en fon lieu au recueil de mon voyage.

De la maniere de faire le Souffre qui fe tire & épure par-le feu.

LA mine de foufre étant tirée, on la met dedans de grands vaiffeaux de terre faits en forme de cruche, qui ont au haut vn long tuyau venant contre bas comme ceux des Alembics : puis on les couure de couuercles auffi de terre, qui font luttez d'vn lut compofé de croye, & de fiente de cheual, affin que la vapeur n'en forte.

Ces vafes ainfi accouftrez font mis en vn fourneau fur vne grille de fer bien luttée de tous coftez, de peur que la flamme du feu que l'on allume au deffous, ne puiffe monter au haut, & prendre au Souffre échauffé.

Les tuyaux de ces vafes répondent dedās d'autres vafes vuides auec lefquels ils sont aussi luttez, & si bien bouchez que la vapeur n'en peut sortir.

Aprés cela on allume le feu, par la force duquel la matiere estant échauffée, le souffre purifié monte au haut des vases, puis tombe par le tuyau creux dedans les autres vases prochains, d'où finalement on le tire par vn trou fait au fond: puis on le met en d'autres vaisseaux, ou dedans des cannes & roseaux, esquels il se congele & deuient tel que nous le voyons en France, & par tout où on l'enuoye.

Des montagnes & grande estenduë de pays tout en feu, & des effects qui en prouiennent.

LA grande chaleur du Souffre est cause qu'en quelques endroits le feu se met sous terre par l'agitation des vents entrans aux cauernes sulphurées & le Souffre étant allumé, le feu va tousiours minant sous terre ainsi que iadis au mont Ætna, & depuis au mont de Somma, autrement appellé Vesuve, & encores à present prés de Pozzolo au lieu & montagne nommée la Solfatara & des anciens
Leucogej

face entrer cette fumée dedans l'oreille, laquelle ne se peut pas receuoir sur l'ouuerture méme, à cause de sa trop grande chaleur, voire qui est telle que tenant de l'herbe dessus, ie la voyois secher si promptement qu'elle deuenoit comme brûlée au feu, horsmis qu'elle ne flamboit point, mais se rendoit toute seche, & noirastre, ce remede est tellement éprouué de long temps & approuué des Medecins & de tous ceux qui en ont vsé, qu'on ne va gueres (principalement au printemps) en ces lieux là, sans y trouuer plusieurs malades, autour desdits souspiraux pour en receuoir la fumée & recouurer leur santé.

De la suye de Souffre.

Avtour de la bouche de ces cauernes il s'amasse vne suye de souffre épaisse de plus de quatre doigts, & beaucoup dauantage en quelques endroits fort endurcie, & liée ensemble : laquelle est d'vn iaune doré pareil à la soye écreuë de la plus belle teinture de iaune qui se puisse voir, n'y ayant fleur qui la surpasse en beauté de couleur viue.

Ie n'ay point appris à quoy on s'en sert, mais en ayant recueilly sur le lieu & apporté pour en faire garde, i'ay trouué que depuis quelques années que ie l'ay, elle se conserue en son entier sans diminution ny changement, combien qu'au moindre temps humide qui vient elle rende quantité d'eau tout autour de soy, ne laissant toutefois chacun morceau de demeurer solide & lié comme deuant : à quoy ie reconnois en cette suye vne extreme secheresse laquelle attire l'humidité ; attendu que la matiere n'en diminuë aucunemét, ny de corps, ny de poids, ny de solidité, & mémes ne luy déchet rien de sa premiere couleur.

Qui me fait iuger que cette suyē de souffre a de grandes vertus, ou du moins pareilles à ce que l'on appelle fleur de Souffre, qui est celuy qui a passé par le sublimatoire pour estre plus subtil & moins terrestre, lequel neantmoins ne prend la couleur iaune comme fait cette suye, ains est tout blanc, combien que l'vn & l'autre procedent de la fumée de méme matiere : & different seulement à cause que l'vn prouient naturellement par le brulement

Leucogej montes pour la blancheur que rend la fumée du souffre à tout ce qu'elle touché és enuirons, mémement aux rochers desdites montagnes contre lesquelles le vent la porte & en deuiennent & demeurent tous blancs. En ces montagnes, & aussi parmy la plaine des enuirons, on voit en plusieurs lieux des bouches & ouuertures de la terre, qui sont les souspiraux des cauernes minées par le feu, duquel on entend le bruit qui se fait là dedans par l'agitation de la flame qui brusle continuellement : & par fois s'élance hors la bouche des cauernes, lesquelles apres plusieurs années s'estāt rendues fort grandes, spacieuses, & si nueuses selon que le feu a suiuy les veines sulphurees de la terre : enfin le vent se vient à entonner là dedans, & se fait vn tel combat auec la flamme, qu'il s'ensuit vne eruption & vomissement de la terre dont les effets sont merueilleux, comme il arriua anciennement audit mont d'Ætna en Sicile, à present nommé *Monte Gibelo*, puis en semblable au mont de *Vesuue* 8. mils par delà Naples auiourd'hny appellé *Monte di Somma*. Mais ce qui aduint presque de nostre temps pres de Pozzolo où l'eruption fut si forte & le vomissement de la terre si grand, qu'il s'en fit en vn instant, & plus demie lieuë loing vne treshaute montagne qui encombra tout vn village & vne Eglise de Monastere qui estoient sur le riuage de la mer, où se voit auiourd'huy la montagne dont iay parlé assez à plein en son lieu.

De la fumée de Souffre.

LEs bouches & ouuertures de la terre qui seruent de soupiraux aux cauernes, iettent continuellement vne fumée fort espaisse, chaude, voire bruslante, qui guarit plusieurs maladies : & entr'autres est bien singuliere pour les auripeaux, & toutes sortes de maladies & douleurs qui viennent dedans les oreilles : & mémement pour la surdité aduenuë par maladie ou autre inconuenient : dont i'en ay veu plusieurs se guarir & recouurer l'oüye, se mettant deux ou trois fois le iour, l'espace de deux heures à chacune fois, & durant quinze iours ou plus, pres lesdits trous & souspiraux, du costé que le vent endroit de la teste interieurement, on fait degouster de cette eau chaude de fort haut pour agir dauantage par la force de sa cheute qui se fait goutte à goutte sur la teste ou autre partie qui se deult, ou bien plus frequemment selon qu'il est besoin: & par ce moyen se font de belles cures.

Des sources froides & des temperées.

Quant aux eaux qui passent par les autres mineraux plus froids, ou moins chauds (comme la plus part ont de la chaleur en quelque degré) ou plus astringens, & terrestres, comme les veines se rencontrent, soit de fer, de vitriol, d'Alum, ou autres ; leurs vertus sont aussi diuerses, & particulieres, selon le mineral : & leur force est beaucoup plus moderée & lente, que celle des sources chaudes qui ont rencontré vne veine de souffre.

Des Fanges des Bains.

Les Bains qui apportent auec soy vne terre grasse, épaisse, & noire, que pour cette occasion aucuns ont appellée

Bitumé, & les autres l'ont simplement nommée Fange, laquelle se trouue au fonds des sources, ont encores plus de vertu que les autres: car on en tire quantité de toute chaude, dont on fait vn lict dedans vne caisse de bois accommodée exprès pour mettre vn bras, vne iambe, ou autre partie du corps, laquelle y estant on iette sus vn autre lict de cette fange, en telle quantité que l'on veut, laquelle garde sa chaleur plusieurs heures : & quand elle se vient à tiedir on oste quelque quantité de cette fange, pour en remettre dauātage de plus chaude sur celle qui reste, affin d'entretenir ou augmenter la chaleur, laquelle par telle fomentation refait les nerfs, ramollit les os, & remet en son entier ce qui est gasté: dont il s'ensuit de merueilleux effets, & des cures admirables de gens perclus, & auparauant abandonnez des Medecins: & mémes pour des maladies inueterées & incurables sans ce remeder.

& consommation du Souffre, l'autre artificiellement par la simple chaleur & échauffement du sublimatoire, auquel demeure tout le terrestre du Souffre.

Des Bains chauds.

LEs lieux où croissent les trois minéraux dont iay cy deuant parlé, sont ordinairemēt abondans en Bains & sources d'eaux chaudes à cause du Souffre; lesquelles passant par les veines de la terre participent plus ou moins de la vertu du mineral qu'elles rencontrent, ou bien de plusieurs: & selon la force qu'elles en tirent, il leur demeure certaine proprieté particuliere pour guarir quelques maladies: Et en voyons vne infinité de diuers effets, qui neantmoins sourdent toutes en méme terroir, & en peu de lieu, sçauoir à Pozzolo, Baie, Cume, & au territoire de Sienne, & de Luques, à Abano, & au mont SainteHeleine pres Padoüe & plusieurs autres lieux d'Italie, dont iay amplement parlé de chacun en son lieu, qui me gardera d'en dire icy dauantage: sinō que pour la difference on remarque que les bains qui ont plus de vertu sont ceux qui participent dauantage du Souffre; aussi sont-ils plus chauds que les autres, tant pour leur qualité naturelle, que pour leur chaleur accidentale : méme qu'il y en a qui boüillent à gros boüillons tout ainsi que l'eau qui seroit en vne chaudiere sur le feu : de sorte qu'en ces lieux-là on voit que les pauures gens, pour faire cuire leur chair, & espargner le bois, la mettent en vn pot qu'ils laissent au bord de l'eau enfoncé iusques au col, & y ayant esté vne heure ou deux la chair se trouue cuitte, soit esté ou hyuer. Si l'eau est trop chaude pour ceux qui se baignent, il y a dans les bains des tuyaux auec canelles qu'ils ouurent, & reçoiuent de l'eau d'vne source froide en telle quantité qu'il leur plaist, & pareillement de la chaude, s'ils en ont besoin : aussi pour purger dauantage, mémement si la maladie est interieure, on boit des eaux en grande quantité, lesquelles sont fort aperitiues, & passent aussitost sans charger l'estomach ny s'y arrester : ains nettoyent fort, & font abondāment suer. Ou si le mal est en vne seule partie du corps, ou en quelque

Des Estuues seches.

DAuantage par ces eaux boüillantes on a trouué moyen de faire des étuues seches, conduisant vn ruisseau d'icelles à trauers vne petite chambre voûtée, n'ayant air que par le haut, où y a quelques ouuertures, l'vne propre pour passer vne iambe, l'autre vn bras, l'autre toute la cuisse, voire tout le corps iusques au col, étoupant l'ouuerture tout au tour de la partie s'il reste quelque vuide: Ainsi la vapeur de l'eau chaude monte au haut de ladite voûte, réchauffe & fomente la partie interessée, laquelle par ce moyen se remet, & reuient en son naturel, apres plusieurs sueurs.

De la Pierre-Ponce.

AVx montagnes & autres lieux iettans le feu il se trouue grãde quantité de Pierre-ponce, comme au mont Ætna, au Vesuve, & à la Solfatare, & mémes au tour du mont appellé Monte-Nuouo qui en demie heure, ou plutost en vn instant, se crea la nuict pres de Pozzolo, par l'eruption des montagnes & bouches de feu : qui fait croire que ce n'est autre chose que pierre brûlée aux concauités des montagnes: combien que Pline semble n'auoir conneu d'où procedent les Pierres-ponces qui se trouuent en terre: car il en parle côme estant chose naturelle, & consommée par le temps. Il fait bien mention de deux autres sortes de Pierre-ponce qui prouiennent de plates, dont il parle ainsi au dernier chap. du 13. liure. *Extra Herculis columnas porri fronde nascitur frutex, & alius lauri & thymi, qui ambo eiecti in pumicem transfigurantur*, & plus bas, *In mari verò Rubro siluas viuere, laurum maximè & oliuam ferentem baccas : & cum pluat, fungos, qui sole tacti mutantur in pumicem*: mais il ne fait aucune mention de celle qui s'engendre, c'est à dire, qui de pierre commune, deuient telle par le moyen du feu qui consomme toute l'humeur, ce que Pline le neveu a mieux connu au dommage de son oncle, duquel décriuant la mort comme elle aduint au Vesuve, il vse de ces mots, *Sed area, ex qua diæta* adibatur, ita iam cinere mistisque pumicibus oppleta surrexerat, ut si longior in cubiculo mora esset, exitus negaretur. Et tout ce que l'oncle en auoit escrit au parauant monstre bien que la cause luy en estoit inconneuë, quand il dit au Chap. 21. du 36. liure, *Non prætermittenda est pumicum natura. Appellantur quidem ita & erosa saxa, in ædificiis quæ musæa vocant, dependentia, ad imaginem specus arte redendam. Sed ij pumices qui sunt in vsu corporum lauigandorum fœminis, iam quidem & viris, atque (vt ait Catullus) libri laudatissimi, sunt in Melo, Scyro, & Æoliis insulis.* Mais il en trouua bien plus pres quand il alla au Vesuue, dont la connoissance luy cousta la vie.

Encores que les sept Chapitres derniers ne deussent estre compris sous ce titre des mineraux, toutefois dautant que ce sont effets qui procedent d'iceux, & principalement de la force & vertu du Souffre, dont iay parlé le dernier: Iay pensé n'estre hors de propos de les adiouster en ce lieu pour continuation de ce qui en procede, pour puis apres retourner aux

160 *Voyages & Observations*
autres mineraux que l'Italie produit.

De la Litharge.

IL se trouue à Pozzolo, Baïe, Cume, & autres lieux de la Campagne, & mémes en Sicile, vne sorte de sablon appellé en latin *Molybditis* qui est autant à dire comme Plombin, lequel estant mis dedans vn fourneau, deuient tout rouge & en feu : & d'iceluy on tire la Litarge, laquelle neantmoins se fait aussi d'autres matieres, y en ayant de trois sortes, comme témoigne Pline au 6. chapitre du 33. liure vsant de ces mots, *Fit in iisdem metallis & quæ vocatur spuma argenti. Genera eius tria : optima quam Chrysitin vocant, secunda quam Argyritin, tertia quam Molybditin*, & plus bas il dit *Chrysitis ex vena ipsa fit, Argyritis ex argento, Molybditis plumbi ipsius fusura, quæ sic Puteolis, & inde habet nomen* : & encores plus bas, *Est autem feruescentis & futuræ materiæ spuma.*

Quoy que ce soit, cette diuersité de matiere étant espurée par le feu, reuient toute en vne, & n'est la Litharge autre chose que plomb mêlé auec les vapeurs & la crasse de l'argent & de l'airain : De sorte qu'il s'en trouue en quantité aux lieux où on affine l'argent tiré de la mine, lors que la separation se fait de l'argent & de l'airain par le moyen du feu : car le plomb nageant au dessus des autres metaux fondus, tire à soy l'écume de l'airain, & de l'argent qui est ce que l'on appelle Litharge, dont y en a de deux sortes : l'vne nommée Litharge d'or, l'autre Litharge d'agent, à cause de la diuersité de couleur, ce qui ne prouient point (comme la plus part pensent) pour auoir attiré plus ou moins de l'vn ou de l'autre mineral : ains pour auoir plus ou moins enduré viuement le feu; lequel a la force de luy donner cette couleur d'or, qui est la plus estimée en la Litharge.

Des Caillous dont on fait le Crystallin de Moran, appellé Crystal de Venize.

AVx riuages de la mer proches de Venise il se trouue parmy l'arene grande quātité de petits caillous blancs, clairs, & luisans, lesquels se fondent par le feu, & d'iceux se fait le Crystallin, dõt nous voyons tant de belles & excellentes glaces de miroirs, tant de beaux & riches vases, & plusieurs autres gentillesses, que lon dit estre Crystal de Venize, à cause des fourneaux des verreries qui ne sont qu'à deux milles loing de là, en vne Isle appellée Moran, qui est au milieu de la mer, où se font tels ouurages, qui ressemblent entierement au Crystal de roche, & n'ont moins de clairté & beauté que s'ils en estoient faits, de sorte que malaisement on y reconnoit la difference, & pour cette occasion il a plutost esté iugé crystal que crystallin, & luy en est demeuré le nom.

De la pierre d'Ayman autrement appellée Calamite.

LA pierre d'Ayman se trouue à Gallice en Espagne, & en plusieurs lieux d'Allemagne, & Boheme, & bien souuent és mines de fer. La bonne est apportée de Macedoine, & Magnesie, mais on tient qu'écores meilleure est celle des

Indes, & d'Ethiopie, qui est pesante comme l'argent, & toutefois sans aller si loing, il en croist aussi en l'Isle d'Elba, appellée en latin *Ilua*, qui est en la mer Tyrrhene proche de la Toscane, & suiete au Duc de Florence, où il s'en tire grande quantité, ayant telle force & vertu qu'elle ne cede à aucune des autres; mais parce qu'elle n'a esté de si long teps descouuerte comme és autres païs, ceux qui la transportent feignent qu'elle vienne des Indes, & d'Ethiopie.

Elle ressemble fort au fer non poly, & s'en trouue de noire, d'autre de couleur bleuë fort chargée, & obscure comme si elle estoit noirastre, & d'antre d'vn roux brun.

Les vnes ont vn corps dense, solide, & pesant: & pour ce en valent mieux, & sont plus estimées, dautant qu'elles ont plus de force: les autres sont d'vn corps plus rare, moins serré, & partant moins pesantes étant comme mangees & poreuses, ou plutost spongieuses ainsi, que la pierre-ponce.

La meilleure est celle que l'on appelle le masle, qui non seulement attire à soy soudainement le fer, mais aussi luy communique tellement sa vertu qu'elle y demeure, & peut attirer à soy vn autre fer: & ainsi vne éguille frottée par vn bout contre cét Ayman, attire à soy vne autre éguille, & la seconde vne troisiéme, puis tout ainsi des autres ensuiuant bout à bout iusques à vne douzaine que l'on voit attachées ensemble comme vn long filet; sans toutefois qu'il y ait autre liaison que la force de l'Ayman qui est demeuré en la premiere éguille par le seul atrouchement. Et de ce nous voyons pareillement la preuue par les quadrans, dont l'éguille qui est frottée dudit Ayman tire tousiours vers le Septentrion, & de là est venuë la connoissance de la bussole tant vtile, voire necessaire pour les voyages de mer.

Mais comme toutes choses ont leurs contraires, & que les vertus de l'vn sont empeschées par l'autre: il se remarque que l'Ayman n'attire point le fer qui est rouillé ou salé: & si lors qu'il l'attire, on approche vn diamant, il laisse aussi tost le fer: & qui plus est, s'il est frotté d'aulx ou d'oignons, il perd sa vertu. Aussi com-

comme par l'antipathie les vertus d'vne chose sont éteintes on void pareillement que par la sympathie elles peuuent quelques fois se remettre: comme en l'Ayman que l'on a gardé seul par longues années en lieu où il n'y auoit point de fer, on trouue à la fin qu'il a perdu sa force: mais pour la conseruer & entretenir, ou bien pour la faire reuenir, il faut le garder parmy de la limaille de fer. Toutesfois si sa vertu est entierement éteinte & perdue, elle ne se peut plus recouurer : car il est necessaire qu'il en demeure encores quelque peu pour remettre le reste en son entiere & premiere force, laquelle ne s'altere ny diminuë en rien pour quelque longueur de temps que la pierre soit gardée, pourveu qu'elle soit parmy la limaille de fer, dont il semble qu'elle se nourrisse. Aussi aux lieux où l'Ayman se trouue, il y a toûjours de la matiere dont se fait le fer comme en ladite Isle d'Elba. Cette vertu admirable pourroit estre comparée à celle de la Torpille, sinon que leurs effets sont du tout contraires, & ne se rapportent fors en vne chose, qui est que leur force & vertu se communique en vn moment:

L l

sçauoir celle de la Torpille par vne continuation de corps seulement, & celle de l'Ayman sans continuation, & de là nous iugeons que la force de la Torpille est expulsiue par attouchement & continuité, mais non autrement: & celle de l'Aymā est attractiue sans attouchement ny continuité, ains par le vuide de l'air.

Dauantage la pierre d'Ayman a telle force qu'estant tenuë de loing, c'est à dire sans attouchement; sa vertu passe mesme au trauers des corps solides: dont l'experience est facile à faire, prenant vn quadran, & le posant sur vne table de telle épesseur que l'on voudra, puis remuant dessous icelle vn morceau de fer sans toucher à la table, on fait remuer, tourner, & arrester l'éguille comme l'on veut, pource qu'elle va tousiours suiuant & attirant le fer que l'on remuë au dessous de la table. Et pourtant ceux qui ont voulu rendre la cause d'où procede cette vertu de la Torpille, disent que c'est vne extreme froideur naturelle qui est en elle, laquelle se communique par les corps continuz, ou ioints ensemble: ce qui a seulement lieu quand elle est viuante: car étant morte sa vertu cesse, & par là on cónoit qu'elle cōsiste toute en sa froideur naturelle, qui est beaucoup plus grande & plus forte que la froideur accidentale que la mort apporte à tous les corps: dont aussi l'vne est expulsiue, & l'autre arrétée comme morte. Mais quant à l'Ayman, la raison de ses effets admirables n'a encores esté conneuë, n'ayant rien de semblable au monde.

On tient que l'Ayman est tellement dangereux à prendre par la bouche, que ceux qui en vsent deuienent fols, ou lunatiques, en peu de temps.

Nicander dit que cette pierre fut appellée *Magnes* à cause que celuy qui premier la découurit au mont Ida, se nommoit *Magnus*. Mais Lucrece l'attribue au nom de la region appellée *Magnesia*, & fut aussi dite *lapis Heraclius* de la ville Heraclia, ou (comme aucuns veulent) du nom d'Hercules: *Et Sideritis* de Σίδηρος qui signifie le fer sur lequel cette pierre a sa force, les Italiens la nomment *Pietra Calamita*, dont nous prenons aussi en françois le nom de *Calamite* combien que son propre nom dont nous vsons soit Ayman.

Les Prestres Arabes des Turcs se sont seruis de cette pierre pour faire paroistre vn miracle du sepulchre de Mahomet: ayant fait bastir vne chappelle dont la voute est toute de pierre d'Ayman : & sous icelle ont mis le corps de Mahomet en vn coffre ou biere de fer : lequel par la force de l'Ayman est attiré en haut, & ainsi demeuré suspendu en l'air; Dequoy ils n'ont esté les premiers inuenteurs: car le semblable fut fait par Dimocrates l'Architecte pour faire voir éleuée en l'air l'effigie & statuë d'Arsinoes, laquelle pour cét effet on auoit faite toute de fer, ainsi que Pline rapporte au 14. chap. du 34. liure en ces mots parlant de l'Aiman: *Eodem lapide Dimocrates architectus Alexandriæ Arsinoes Templum concamerare inchoauerat, vt in eo simulachrum eius è ferro pendere in aëre videretur.* Ce méme Auteur parlant de l'Ayman au chap. 16. du 36. liure, dit qu'il y en a de cinq sortes, toutefois il ne parle point d'vne autre espece de laquelle ie traiteray au Chapitre suiuant.

De l'Ayman blanc.

ON asseure qu'en cette même Isle d'Elba, il y a aussi vne espece d'Ayman qui est blanc, & a vne vertu encores plus admirable que l'autre precedent: car celuy qui le porte soit en anneau ou autrement, se rend bien voulu & aymé de ceux qu'il en touche; ayant la force d'attirer les cœurs & affections, auec telle puissance sur les personnes, que l'autre Ayman a sur le fer. Et par ce moyen se font des amitiez dont on ne peut dire le suiet ny l'occasion d'où elles procedent: Mais pource que ie ne l'ay experimenté, ny même veu de cét Ayman, ie n'en dis cecy qu'au rapport de quelques gens dignes de foy, qui me l'ont asseuré pour chose veritable.

Du Bol Armenic.

IL se trouue aussi en l'Isle d'Elba dédans les minieres grande quantité de terre rousse, fort astringente, & dessicatiue, qui est ce que les droguistes, &

Apothicaires appellent Bol Armenic, que l'on leur apporte par masses quarrées, & longues: & croyent la plus part que cela soit Bol Armenien, c'est à dire venu d'Armenie, où se recouure le meilleur: mais il ne vient point iusques à nous & n'en vsons par toute l'Europe que celuy qui se fouille en l'Isle d'Elba, d'où il nous est enuoyé.

De la tere de Pozzolo.

AV tour de Pozzolo il y a vne certaine terre poudreuse qui se recouure en peu d'autres lieux, laquelle est tellement astringente qu'estant détrempée auec autre matiere pour bastir, elle deuient incontinent aussi dure qu'vn caillou: & resiste tellement à l'eau que la muraille qui en est bastie ne se consomme point par le temps, ny méme par la force des ondes de la mer, qui au contraire l'endurcissent tellement que tout ce qui en est massonné deuient comme vn seul caillou tout d'vne piéce, estant cette liaison si forte & si dure qu'vn mur qui en est basty, ou seulement enduit par dessus, semble plutost vn marbre continu, & naturel, que matiere détrempée par artifice: car non seulement il demeure fort poly & luisant, mais aussi presque transparent: de sorte qu'en rompant vne piece elle paroist claire comme certains caillous que nous voyons receuoir en eux quelque clairté, toutesfois la coleur tire vn peu sur le roux, & de cette matiere sont iusques auiourd'huy demeurez tous enduits & entiers les gros & hauts pilliers & tous les murs de la Piscine admirable de Lucullus: & pareillement les pilliers du portique de l'Academie de Ciceron, que l'on voit encores à present sur le riuage de la mer morte, pres de Pozzolo: lesquels par ce moyen sont depuis tant d'années demeurez en leur entier, ayant resisté non seulement à la longueur du temps mais aussi à l'impetuosité des vagues. Et pourtant il me semble que ce n'est sans cause que Pline parlant de cette matiere au 13. chap. du 35. liure, la trouue admirable vsant de ces mots. *Quis enim satis miretur pessimam eius partem ideoque puluerem appellatum in Puteolanis collibus oppon: maris fluctibus mer-*

sumque protinus fieri lapidem vnum, inex-
pugnabilem vndis, & fortiorem quotidie,
vtique si Cumano misceatur cœmento.

Du Sel mineral.

EN toute l'Italie on vse de Sel marin, excepté en la Calabre, où y a grande quantité de Sel mineral, duquel se sert aussi toute la Hongrie: les Apothicaires le nomment *Sal gemme*, dont y en a de fort belles mines au lieu appellé Altomontone qui est en la Calabre, où on ne le fend, & le taille comme pierres que l'on tire des carrieres pour bastir, & reluit ainsi que crystal: & aux lieux d'où on en tire il y renaist longues années apres, comme font les pierres en terre.

Toutefois tout Sel mineral n'est clair ny transparent: car celuy que l'on tire au Comté de Tyroli est comme marbre de couleur tirant sur le roux: & celuy de Calabre a encores cela dauantage à luy seul particulier, & different de tous les autres Sels mineraux, qu'estant ietté dans le feu il ne pete, ne se fend, ny ne se depart en pieces, ains ne fait que rougir

comme

d'Italie, &c. 273

comme le fer. L'vsage en est dangereux pour la lepre.

Il peut y auoir encores quelques autres mineraux en Italie, lesquels j'obmets: les vns, pource qu'ils ne sont venus à ma connoissance; faute de m'en estre enquis plus curieusement; les autres, pource que ie n'ay esté sur les lieux où ils se trouuent pour en pouuoir parler bien au vray. Mais quant aux Metaux, ie n'en dy chose aucune, dautant qu'il n'y a pays qui en soit plus sterile que l'Italie, laquelle en toutes autres choses necessaires est si abōdante, qu'il semble qu'en cela seul elle ait besoin de l'ayde de ses voisins, dont l'Allemagne, la Hongrie, l'Isle de Cypre, & l'Espagne la fournissent.

Du Petrolio.

APres les Mineraux, il ne sera hors de propos de faire mention d'vne huile admirable qui vient & se procrée parmy les entrailles de la terre. En plusieurs lieux de la Lombardie, & principalement prés de Modene (qui sont terres extrémément grasses) on trouue vne certaine liqueur qui coule parmy les veines de la terre, laquelle liqueur est appellée *Petrolio*, qui est autant à dire comme huile de pierre, dautant qu'elle dégoute des pierres dedans les cauernes que l'on fait sous terre pour la recueillir. Et pour cette occasion quand on bastit vn puits en ces quartiers-là, on regarde à le cimenter fort bien, de peur que quelque veine de la terre distillant de cette liqueur, ne vienne à corrompre l'eau, laquelle par ce moyen on laisse sourdre tant seulement par le dessous des puits, & non par les costez, qui sont à cette occasion tres-bien cimentez. Les Apothicaires ont ordinairement de cette huile en leurs boutiques: laquelle selon l'opinion d'aucuns est ce que Pline au cv. chap. du second liure à appellé *Naphtha*, dont il dit ainsi. *Huic magna cognatio ignium, transiliuntque protinus in eam vndecunque visam*. Aussi les mesmes effets se voyent en cette huile de *Petrolio*, laquelle est si actiue du feu, que si elle en est approchée, elle n'attend pas qu'il la touche, ains d'elle-mesme pour s'enflammer le sent, & alleche de loin, puis tout à coup le rauit & retient éant qu'elle soit par luy du tout consommée : tellement que l'on n'y oseroit porter de lumiere pour la recueillir.

Du Bitume & Pissasphalte.

Voulant icy descrire les plus rares productions & effets de nature que j'ay remarquez en mon voyage, ie ne doy aussi obmettre vne chose singuliere que ie veis passant par la Limagne d'Auuergne.

A demie lieuë de la ville de Montferrat y a au milieu de la plaine vne terrasse vn peu esleuée en forme de petite montagne : au pied de laquelle sourd vne fontaine de *Bitume* fort noir, ressemblant du tout à la poix destrempée auec de la graisse, ainsi que les Cordonniers l'accommodent pour s'en seruir : Et non seulement semblable pour la couleur, & la senteur, mais aussi au maniement : mesmes que l'estendant il file tout ainsi que la poix destrempée, & paroissent ses filets d'vne couleur de roux brun doré. De sorte que ie n'y reconnoissois aucune difference d'auec la poix.

L'hyuer cette source s'arreste, & ne fluë aucunement, à cause du froid qui la restraint. Mais depuis le mois de May iusques à la my-Septembre, elle coule tousiours, toutesfois lentement, à cause de son épaisseur; combien que sa source soit large, & qu'elle iette en grande abondance, principalement durant les grandes chaleurs.

Ce Bitume a tant de graisse en soy, que ceux des lieux s'en seruent à graisser les charettes, & pressoirs : & mesmes pour guerir les cheuaux galeux, & pour quelques autres maladies, & à diuers vsages.

Les autheurs qui ont traité de la diuersité des Bitumes, n'en ont parlé bien resolument, mais pluftost confusément, à cause de la grande ressemblance, & affinité qui est entr'eux en quelques choses, combien qu'entr'autres il y ait grande difference selon la matiere dont ils sont produits. Quoy que ce soit, c'est chose rare.

Le Bitume dont est cas peut-estre semblable à celuy que Pline remarque se trouuer en Arabie, quand au 29. chap. du 6. liure, il nomme les villes du pays,

d'Italie, &c. 277

où il dit, *Deindè Piden, Mamuda, Carambin, iuxta eam bituminis fontem.* Car ie n'ose dire que ce soit chose mesme que ce qu'il a traité au 15. chap. du 25. liure, si ce n'est ce qu'il entend par ces mots. *Est verò liquidum bitumen, sicut Lacynthium, & quod à Babylone inuehitur,* mais il adiouste apres, *ibi quidem & candidum gignitur*: puis il dit, *liquidum est & Apolloniaticum, quæ omnia Græci Pissasphalton appellant, ex argumento picis & bituminis*: dautant qu'en Grec πίσσα signifie *pix*, & ἄσφαλτος *Bitumen*: Et au 24. liure, chap. 7. il declare que cette matiere est composée des deux, vsant de ces termes plus exprés. *Pissasphaltos mista bitumini pice, naturaliter ex Apollonianatarum agro: quidam ipsi miscent. Præcipuum ad scabiem pecorum remedium: aut si fœtus mammæ læserit.* Toutefois parce qu'il leur donne grande affinité auec le souffre, comme en estant produits, ou causez par iceluy; cela me fait douter, voire iuger, que cettuy-cy soit encore vne autre espece, attendu qu'il ne peut prouenir que de la seule graisse de la terre de la Limagne, qui n'a aucun souffre.

M m iij

Il y auroit bien quelque apparencē de croire que ce fuſt choſe pareille à ce qu'il décrit apres au ſuſdit 15. chap. du 35. liure, par ces mots. *Gignitur & pingue, liquoriſque oleacei in Sicilia Agragantino fonte inficiens riuum. Incolæ in harundinum paniculis colligunt citiſsime ſic adhæreſcens. Vtuntur eo ad lucernarum lumina olei vice, item ad ſcabiem iumentorum.* Mais eſtant vne liqueur fluide, ſemblable à l'huile, pluſtoſt que Bitume, ie ne voy pas que cela ſe rapporte à cette eſpece, qui me ſemble auoir quelque choſe de particulier, & different des choſes precedentes.

Encores moins ſe peut-il entendre de *Naphta*, dont a eſté cy-deuant parlé, lequel eſt auſſi plus liquide, ainſi que Pline remarque luy-meſme au chapitre ſuſdit, continuant ce meſme propos en tels termes. *Sunt qui & Naphtam, de qua in ſecundo diximus volumine; bituminis genere adſcribant: verum ardens eius vis ignium, naturæ cognata, procul ab omni vſu abeſt.*

De ſorte que ie ne puis dire autre choſe de ce Bitume, ſinon qu'il doit eſtre compris ſous ce mot general *Piſſaſphaltum*

d'Italie, &c.

dont il est vne espece, toutesfois differente des autres en quelque chose.

Le Bitume que les Apothicaires tiennent en leurs boutiques, n'est le vray Bitume de Iudée, qu'ils disent toutesfois en venir, ains est vne composition faite de poix, auec l'huile de Petrolio, dont j'ay cy-deuant parlé, & encore quelques autres drogues meslées auec icelles. Quant au *Bitume Apolloniatique* dont parle Pline aux deux passages cy-dessus alleguez, on en apporte souuent à Venize, & en grande quantité, que l'on prend sur le lieu mesme, quand les marchands vont trafiquer en Epire où est Apollonie, que l'on nomme à present Valone: & me semble tout pareil à celuy qui se voit en la Limagne d'Auuergne, sinon pour la senteur qui est differente, en ce que celuy d'Apollonie retient quelque senteur de souffre, ou d'vne bourbe puante, & l'autre sent seulement la poix. Ce que l'on le transporte de si loin n'est pour l'vsage de medecine, mais seulement pour poisser les nauires, & autres vaisseaux de mer, estant premierement bien meslé, & destrempé auec de la poix de pin.

De la Maumye, & comment elle se fait.

LEs Syriens d'Egypte, les Arabes, & ceux de Iudée, curieux de conseruer les corps entiers après la mort, ont coustume de se seruir du Bitume dont ils remplissent les corps morts, & les en frottent & oignent par dehors. Aussi Strabon parlant du Bitume de Iudée, dit qu'il sert pour garder les corps morts, & les garantir de putrefaction, & de toute autre corruption que la longueur de plusieurs années apporte mesmes aux matieres plus durables. Le Bitume par sa chaleur attire à soy & consomme toute l'humidité, & les corps estant ainsi dessechez leur communique sa vertu, qui les preserue & garantit de corruption & pourriture : & par ce moyen se gardent, & demeurent entiers dedans les sepulchres, & aucuns dedans les sables, & terres legeres.

Quelques vns tiennent que pour cét effet ils n'vsent que du Bitume seul, appellé

pellé ἄσφαλτος, les autres disent qu'ils vsent de celuy qui est nõmé πισσάσφαλτος étant mêlé de poix & de bitume, soit naturellement, quand il est tel dés sa source: ou bien artificiellement, ainsi que Pline au 15. chap. du 35. liure, remarque qu'il se fait quand il dit, *Pissasphaltos mista bitumini pice, naturaliter ex Appolloniatarum agro: quidam ipsi miscent.*

Quoy que ce soit, ces corps par vn long temps ainsi conseruez, les Marchands qui trafiquent en Egypte trouuent moyen quand ils y vont d'en recouurer quelqu'vn, lequel ils apportent, & le vendent pardeça fort cherement, qui est ce que nous appellons en France la Maumie, dont on se sert en medecine, & dont il se trouue grande quantité à Venise aux boutiques des droguistes, qui tiennent ordinairement telles marchandises étallées pour monstre: où iay veu souuent en passant des testes d'homme toutes entieres, & fort noires, des bras, des iambes, & autres parties, qui rendoient vne senteur forte, à quelques vns plaisante: & aux autres trop penetrante, & peu agreable.

Quand les Apothicaires vſent de cette Maumie és compoſitions où elle entre, ils prennent la chair deſechée de ces corps, la pilent en vn mortier, comme pareillement les os : ce qui n'eſt approuué de ceux qui en ont écrit : leſquels tiennent que la vraye Maumie qui a plus de vertu eſt la matiere méme dont les corps ſont remplis, qui ne prennent leur force & qualité que d'icelle, laquelle en retient plus qu'elle n'en donne : tirant à ſoy toute la graiſſe & humidité qui étoit en iceux, dont la compoſition eſt plus exquiſe & ſinguliere que ce qui ſe trouue en la chair deſechée du corps mort.

Il y a encore aux mémes païs vne autre ſorte de Maumie exellente des corps enbauſmez, leſquels ſont remplis de Myrrhe, de Baume, de Saffran, & d'Aloë mélez enſemble : mais on n'en apporte point de cette là, eſtant trop malaiſée à recouurer, dautant qu'il n'y a que les gens riches, & les Seigneurs qui ſoient ainſi enbauſmez, leſquels ayant en ſinguliere recommendation la conſeruation des corps morts, ont leurs ſepulchres à part : & ſi bien fermez & gardez qu'il n'y a moyen d'en auoir : encores y a il auiourd'huy peu de Seigneurs qui puissēt porter telle dépense pour la grande charté du Baume, & difficulté d'en recouurer : lequel du temps de Pline estoit tellement rare qu'il ne s'en trouuoit au monde qu'ē vn seul lieu, où y en auoit deux iardins seulement : à sçauoir en Iudée, comme il témoigne au 25. chap. du 12. liure, où il dit, *Sed omnibus odoribus præfertur Balsamum, vni terrarum Iudææ concessum: Quondam in duobus tantum hortis, vtroq; Reg 10, altero iugerum 20. non amplius, altero pauciorum*: Mais il fut fort multiplié par les Romains, comme rapporte Iustin au 39. liure de son histoire, depuis qu'ils se furent rendus Seigneurs de la Iudée, où ils firent replanter tant de drugeons qu'ils en edifierent grande quantité pour en auoir la liqueur, dont ils tiroient grād tribut. Et delors en fut par curiosité apporté quelques plantes à Rome, par l'Empereur Vespasien, comme Pline asseure au chapitre susdit, & aussi par Pompée le grand, qui en fit porter en triomphe : toutefois on tient qu'à present l'airage en est faillie, & du tout perduë en

N n ij

Iudée, n'y en estant resté aucune plante en la vallée du mont d'Hierico, où il souloit venir, ainsi que dit Iustin.

Desorte que maintenant ceux qui vont en Syrie, & en tous ces païs de delà, comme font ordinairement les Venitiens plus que nuls autres, asseurent qu'il n'y a plus de baume, n'y d'arbrisseaux desquels on le souloit tirer.

Mais ceux qui trafiquent en Egypte disent qu'il y a au grand Caire vn iardin de Baume qui est auiourdhuy vnique, comme estoit anciennement celuy de Iudée, duquel tous les complans ont esté arrachez, & transferez au grand Caire lorsque les Rois d'Egypte ont subiugué la Syrie qu'ils ont priuée de cét excellent arbre, & precieuse liqueur, que nature luy auoit donnée, comme particuliere à elle seule, dont ils ont enrichy leurs païs & iardins. Desorte qu'auiourdhuy il n'y en a plus au monde qu'en ce lieu là, & encores y est en si petite quantité qu'il ne sert que pour les Rois, Princes, & grands Seigneurs du païs, qui l'achetent tres-cherement pour en vser à ce que dessus, & en quelques mixtions de medefine. Qui est cause que pour telle rareté nous ne voyons point de Maumie composée de cette liqueur, ains seulement de la premiere dont iay parlé.

Strabon au 6. liure de sa Cosmographie décrit fort bien & particulierement le Baume, & le lieu d'Hierico, où il souloit croistre: ce que fait encores mieux Theophraste au 6. chap. du 9. liure de l'histoire des plantes: où il compare au grenadier la hauteur, & quantité de menuës branches que porte le baume, étant tousiours verd, de feuilles semblables à la ruë, mais plus blafardes: & durant les grandes chaleurs d'Esté, on entame l'écorce au haut du tronc, à coups de serpe, d'où en beaucoup de iours il sort fort peu de liqueur qui semble de laict, mais vn peu plus espesse.

Les Egyptiens se sont aussi anciennement seruis de l'huile de Cedre appellé *Cedria* pour preseruer les corps morts, de toute corruption & pourriture: ainsi que témoigne Pline au chap. 11. du 16. liure, disant, *Hoc in Syria Cedrium vocatur, cui tanta vis est vt in Ægypto corpora hominū defunctorum eo perfusa seruentur.*

Laquelle huile (ainsi que l'on dit) ne defigure point la chair des morts, & mêmes ne leur fait changer de couleur, comme font les autres matieres cy-dessus mentionnées, ains seulement consomme l'humidité superfluë, & entretient le reste sans corrosion ny aucunement offenser les parties solides. Mais dautant que sa force est grande, & sa chaleur vehemente iusques au quatriéme degré, pour cette occasion elle est plus propre pour conseruer les corps morts, que pour l'vsage des viuants, pource qu'elle penetre si tost, & agit si puissamment, qu'elle cause de grandes douleurs de teste, & brusle la chair viue aux lieux plus tendres, c'est pourquoy Pline au 5. chap. du 24. liure, dit ainsi, *Defunctorum corpora incorrupta auis seruat, viuentia corrumpit : mira differentia cum vitam auferat spirantibus, defunctis pro vita sit.* Cela me fait iuger que par le moyen de cette huile auoit esté conserué vn corps qui fut découuert il y a peu de temps à cinq milles de Rome, sur la Via Appia, assez pres des ruines de l'ancienne ville Alba : où fut trouué dedans le sepulchre de Ciceron (voisin de celuy des Scipions) vne biere de marbre blanc bien fermée & cimentée, & encore sur icelle vne large table de marbre: puis au dedans y auoit vn cercueil de plomb bien étamé, l'air ne pouuant y entrer: lequel quand on vint à ouurir il s'éteignit du feu perpetuel qui estoit dedans comme il a coustume de faire aussi tost qu'il sent l'air : & se trouua vne ieune Dame tres-belle, & fort blonde, coëffée de ses cheueux, qui auoit sur sa teste vne guirlande d'or: laquelle Dame, par vne inscription qui estoit grauée dedans le marbre de la biere, fut reconneuë estre la fille de Ciceron appellée *Tullia*, laquelle fut aussi tost portée à Rome, & mise au Capitole, en la salle des Conseruateurs de la ville, pour y estre contregardée: mais pource que chacun y couroit, & la voyoit auec admiration, & aussi que c'estoit vn corps payen: le Pape ne pouuant approuuer la garde que l'on en vouloit faire, commanda qu'elle fut enleuée de nuict, & iettée dedans le Tybre: ce qui fut ainsi fait: Et par là on iugeoit que ce corps s'estoit conserué pres de seze cens ans, mais on ne pouuoit pas reconnoiſtre de quelle matiere on auoit vſé pour cét effet, ſinon que ce corps n'eſtant aucunement conſõmé, ny mémes deſiguré par vn ſi long temps; on put croire que ce deuoit eſtre huile de cedre, qui pour lors eſtoit en telle eſtime & prix, que Ciceron pour le peu de moyens qu'il auoit à comparaiſon de ce qu'il achetoit de ſi haut prix, ne fit difficulté de bailler vne ſomme exeſſiue, & preſque incroyable, d'vne table de cedre, & y en eût encores d'autres achetées plus cherement, comme il ſe void par ce paſſage de Pline 15. chap. du 13. liure, *Extat hodie M. Ciceronis in illa paupertate, & quod magis mirum eſt illo año empta H-S. X. memoratur & Galli Aſinij H-S. XI. Venundatæ ſunt & duæ Iuba rege vendente: quarum alteri pretium fuit H-S. XV. alteri paulò minus. Interijt nuper incendio Cethegis deſcendens H-S. XIV. permutata latifundij taratione ſi quis prædia tantum mercari velit.* Et pluſieurs autres qu'il recite puis apres, par leſquels on peut iuger qu'ils reconnoiſſoient quelque grande vertu en ce bois, qu'ils ont creu ne pouuoir vieillir, pour n'eſtre ſuiet à vermoulure, moulurē, ny pourriture aucune, ains qu'il duroit à jamais: de sorte que par le Cedre ils ont voulu signifier l'immortalité, comme quād vn certain dit, *& cedro digna locutus*. Nous lisons aussi que dés se commencement de Rome, l'huyle de Cedre estoit en vsage, & mesme pour conseruer les liures que l'on tenoit chers, & dignes de perpetuité ; & qui plus est pour les conseruer, cachez sous terre, comme nous voyons que Pline au XIII. chapitre du XIII. liure recite que *Cassius Hemina* tres anciē Historien à laissé pour memoire au quatriéme liure de ses Annales que *Cneius Terentius* Scribe & Notaire faisant labourer, & foüiller en son jardin, qui estoit au pied du mont Ianicule, il se trouua vn coffre & biere où auoit esté mis & enterré le corps de *Numa Pompilius* second Roy de Rome : & que dedans iceluy fut aussi trouué des liures qu'il y auoit cinq cens trente-cinq ans qui y estoient : puis apres il adjouste, *& hos fuisse é charta, majore etiamnum miraculo, quod tot in fossi durauerunt annis. Quapropter in re tantà ipsius Heminæ verba ponam: Mirabantur alij, quomodo libri illi* durare potuissent. Ille ita, rationem reddebat : Lapidem fuisse quadratum, circiter in media arca victum candelis quoquo versus. In eo lapide insuper libros impositos fuisse : proptera arbitrarier ecs non computruisse. Et libros cedratos fuisse, propterea arbitrarier tineas non tetigisse. Toutesfois il ne dit point que comme les liures s'estoient conseruez, que le corps de Numa se fust aussi trouué entier par le moyen de ceste Huyle : dôt il est vray sêblable qu'il estoit oinct aussi bien que les liures: lesquels autrement on eut bien preueu qu'ils se fussent peu gaster par la pourriture du corps s'il n'eust aussi esté oinct de mesme. Mais de chose semblable i'en ay veu vne preuue certaine à Bolongne la Grasse au Conuent des Religieuses appellé Corpo di Christo, où y a vne Religieuse, dont le corps s'est depuis trois cens ans côserué entier, sans pourriture, ny estre aucunement défiguré, non plus que si elle estoit nouuellement decedée : laquelle on nomme *la Beata Catharina* parce qu'elle estoit fort deuote : & encores à certains iours & Festes on la porte en vne Chapelle de leur Eglise, toute vestuë de ses habits, & seanté en vne chaire, où chacun la voit : estant ainsi demeurée entiere par le moyen de ceste huile de Cedre. Aussi Vadian au liure de son commentaire sur la Cosmographie de Pomponius Mela, remarque comme par ce mesme moyen on a veu des corps conseruez plus de deux mille ans.

Ayant discouru des choses qui peuuent contregarder les corps morts & dont on a vsé anciennement, & que l'on vse encores à present en quelque lieux ; ie ne veux obmettre ce qui a esté de nouueau descouuert, & de nostre temps. Nous auons vne herbe nommée *Scordium* assez congneuë aux anciens par son espece, mais non pas sa force, laquelle empesche la putrefaction de la chair morte : non pour tousiours, ains pour quelque temps seulement. Ceste herbe est depuis demeurée long-temps incognuë, sinon que depuis peu elle se manifesta elle mesme par vn accident, qui dõna nõ seulement la cognoissance de l'espece, mais aussi de sa vertu qui auoit esté cachée aux anciens: Car s'estant donné vne bataille, & les corps morts demeurez plusieurs iours sur la place, on en trouua aucuns qui estoyent tous corrompus, & les autres d'vn costé seulement, s'estans gardez sans corruption du costé qui touchoit la terre. Et lors on obserua que tous ceux qui estoyét ainsi preseruez & entiers d'vn costé, estoyent tombez en lieux où y auoit soubs eux de cette herbe de *Scordion*; laquelle est de qualité fort chaude, bien au goust, & de pareille senteur que les aulx.

De la Poix, & comment, & de quoy elle se fait.

Ayant cy-dessus parlé de la Poix qui croist naturellement, il ne sera hors de propos de dire icy quelque chose de celle qui se fait par artifice, laquelle, comme il a esté dit cy-dessus, meslee auec le Bitume simple, a pareille force & vertu que le Pissasphalte naturel. Sur les môtagnes des Alpes que l'on trauerse passant de France en Italie, & aussi en plusieurs lieux de celle de l'Apenin, il y a grande quantité de Pins, Pignets, Paisses, Sapins, & autres Arbres de telle espece, dont on voit de tous costez de grandes forests sur les montagnes : Et dedans icelles se fait la poix à plus pres, ainsi que Pline au chapitre XI. du XVI. liure en descrit la façon, mais fort succinctement: Qui sera cause que ie l'expliqueray icy, & feray entendre plus au long. La Poix se fait de Pins, ou de Pesses, & on choisit les plus vieux Arbres pource qu'ils ont le bois plus gras : Puis on accommode vne place presque en rondeur, portant deux ou trois toises de diametre, laquelle on rend esleuee au milieu, en sorte que depuis son centre elle va de tous costez deuallant iusques à la circonferance, qui est bornee d'vn petit fossé auquel y a des canaux de Pins & Sapins cauez en forme de goutieres pour receuoir la liqueur : Puis on enduit toute l'aire de poudre de tuffeau & d'argile bien vnis & batus pour faire couler plus aisement la matiere. Ceste place ainsi accommodee, & les Pins esbranchez & taillez, on arrange le bois au milieu d'icelle en forme de bucher ainsi que les charboniers font pour auoir du charbon : apres cela on couure le tout de menus branchages de Pins, Sapins, Pignets, Fougeres, & autres fueillages espés

Oo iij

Cela fait on iette deſſus bōne quantité de terre tant que l'air ne la puiſſe penetrer: laiſſant ſeulement quelque place au bas pour mettre le feu par deſſous : lequel y eſtant, & la fumée ny la flame ne pouuant ſortir par le haut, à cauſe de la terre qui eſt deſſus, elle eſt contraincte retourner, & prendre iſſuë par le bas : Et par ce moyen la chaleur redouble eſtant là dedans comme retenuë par force à cauſe de la fumée qui veut ſortir la premiere, comme eſtant la plus forte, & fait monter la principale chaleur au haut, ce qui fait plus ſuer le bois que bruler : & ainſi le feu fait ſortir l'humeur, au lieu qu'il la conſommeroit toute s'il bruloit. La premiere choſe qui ſort de ce tas, eſt vne ſimple eau claire procedant de l'humidité du bois, laquelle eau on laiſſe couler comme inutile. Mais en Syrie quand on fait de la Poix de Cedre, cette premiere liqueur eſt la mieux recueillie, & plus priſée, qui eſt ce que l'on appelle Huyle de Cedre, & en Latin *Cedria* ou *Cedrium*, dont i'ay cy-deuant parlé, & de laquelle on vſe pour conſeruer les corps morts. Auſſi Pline au méſme chapitre dit, *Protinus ſu-*

dor aqua modò fluit canali : hoc in Syria Cedrium vocant. Apres ceste premiere sueur, il vient vne matiere plus espesse, laquelle coule tout autour sur ladite aire, & se rend dedans les canaux de bois qui sont tous propres pour la receuoir : Et de là elle coule encores plus bas en vn creux garni d'aix tout au tour, & au fond, de peur que la terre ne la boiue. Et là estant on emplit des tonneaux & barils de cette matiere, qui est la Poix que l'on transporte par ce moyen où l'on veut, laquelle sert principalement pour poisser les Nauires.

Apres auoir recherché les richesses de la terre tant dedans que dehors, pour monstrer ce que l'Italie produit de rare & excellent, & ce qui luy est particulier; Ie parleray aussi de deux choses remarquables, qui naissēt en la coste de cete Mer qui l'enuironne, sçauoir du Coral, & des Esponges : lesquels ne m'ont semblé tomber proprement sous le nom & titre des plantes, combien qu'ils soient descrits pour tels, & encores moins sous ce tiltre, si ce n'est le Coral lequel on apelle en Grec λιθοδένδρον qui signifie, arbre de pierre, à cause de sa dureté pareille, qui est occasion que n'ayant icy lieu propre pour eux, ie les ay adjoustez à la fin de ce tiltre.

Du Coral.

LE Coral croist en forme d'arbre contre les rochers, dedans la Mer, & est tout couuert de mousse, qui est tellement atachée quand on le pesche & arache, qu'il semble que ce soit son escorce verte: De laquelle estant despoüillé, il n'a encores la couleur viue iusques à ce qu'il ait passé par la main des ouuriers où il acquiert ceste beauté auec le temps, & par la polissure, ainsi que le buis, & autres bois, & matieres que nous voyons changer de couleur depuis qu'ils ont esté mis en œuure. Quand on arrache le Coral, il est plus mol & fragile, qu'estant tiré hors de l'eau: de sorte que quelquefois ayant accroché les filets des pescheurs, il se rompt, ou se desracine, & est tiré auec eux: mais quand il vient à sentir l'air, il s'endurcit incontinent, qui est cause que Pline au II. chapitre du XXIII. liure en
parle

parlé ainsi. *Aiunt tactu protinus lapidescere, si vivat.* Il y en a de trois sortes, l'vn rouge, qui est le plus ordinaire, & le plus prisé, estant fort dense, pesant, luysant, & vif en couleur: l'autre noir, ou plustost fort brun: & l'autre tres blanc, dont le dernier est le moins estimé, & moins en vsage, parce qu'il est d'vn corps rare, spongieux, tout troüé, leger, & qui reçoit pū de lustre par la polissure, à comparaison du rouge: mais aussi est il d'vne qualité beaucoup plus froide que les deux autres. Le Coral est fort commun par toute l'Italie, dautant qu'il croist en grande quantité tout le long de la coste d'icelle, principalement dedans la Mer Tyrrhene bordoyant la Toscane: & deuant Naples, iusques en la Sicile. Qui est cause qu'en la plus part des lieux d'Italie on voit presque toutes les femmes, les filles, & petits enfans; & mesmes les villageoises plus qu'autres porter des colliers ou brasselets de Coral rouge, ou bien d'ambre iaune, & quelquesfois meslez ensemble: estimant que cela ait beaucoup de vertu, & mesmement pour empescher les rougeurs & oscurcures du vi-

P p

sage, divertissant le sang qui pourroit monter & causer telles incommoditez. Pline au chap. susdit parlant du Coral, vse de ces termes *Nascitur ante Neapolim Campaniæ, maximeque rubens, sed molle, & ideo vtilissimum Erythris*, & au mesme chapitre il recommande fort celuy qui croist à la coste de France, vsant de ces mots, *laudatissimum in Gallico sinu circa Stœcadas infusa*. Puis plus bas il tesmoigne que le Coral estoit en grande estime enuers les anciens disant ainsi: *Aruspices eorum vatesque inprimis religiosum id gestamen amoliendis periculis arbitrantur. Itaque & decore, & religione gaudent.* Quoy que soit, il est encores auiourd'huy recõmandé, tant pour sa beauté que pour son vsage en medecine, à quoy il sert pour diuers effets: & principalement pour arrester, & restraindre le flux de sang.

Des Esponges.

LEs Esponges croissent en quantité tout au long de la coste d'Italie, contre les rochers qui sont au riuage de la Mer, ausquels elles sont si fort attachées qu'il y a peine à les auoir. On ne peut diré qu'elles ayent racine, ni aussi qu'elles n'en aient point: Car il se crée premierement contre le rocher vne matiere qui s'estend comme vne peau large, espesse, & tenace, laquelle y est attachée tout ainsi que la mousse qui se prend aux pierres, voire est si fort adherente que l'on ne peut quasi en auoir que piece à piece, & par petits morceaux.

A cette peau y a quelques trous d'où sortent d'autres morceaux de presque pareille matiere, & neantmoins ja participants & aucunement approchans de l'esponge, estant fort percez, & si mal liez ensemble qu'ils ne sont ny ioints, ni separez, & à iceux sont attachez les esponges qui flottent ça & là dedans l'eau: lors sont toutes noirastres, mais ayant esté bien lauez, & gardez, elles acquierent auec le temps cette couleur iaune ayant laissé ce qu'elles auoient de vif, ainsi que font quelques herbes lesquelles venant à se flétrir & secher perdēt ce qu'elles auoiēt de verd, & deuiennent toutes iaunes.

Il y a de trois sortes d'esponges, sçauoir de grosses lesquelles sont rudes, & neantmoins fort lasches, rares en soy, & mal

Pp ij

liées, d'autres moyennes, & d'autres fort déliées & menuës, qui toutefois sont tresfortes, serrees, & douces au manier, se restraignant en peu de lieu quand elles sont pressées, & fort enflées, & amples quand elles sont imbibées d'eau, dautant qu'elles sont toutes pleines d'yeux fort petits, & percées menu.

Celles qui croissent au haut du rocher, c'est à dire dedans l'eau, mais plus proche de l'air, & des vents, elles sont grosses, & rudes: qui est la premiere espece dont i'ay parlé: & celles qui naissent aux lieux plus profonds, & tranquilles sont les plus déliées, menuës & delicates, si elles ne sont arrachées toutes entieres; & qu'il en demeure seulement vn petit morceau, il ne laisse pourtant de profiter, & d'iceluy renaist vne autre esponge nouuelle qui est toute entiere.

Aristote, & autres qui en ont escrit, veulent faire croire, qu'encores qu'elles soient tousiours en vn lieu attachées, neantmoins elles ont sentiment: de sorte que quand on approche pour les arracher, elles se retirent: & font aussi le semblable quand il suruient de grands vents qui les pourroient tourmenter.

C'est pourquoy Pline au 45. chap. du 9. liure, comprend l'esponge sous le titre qui est tel, *De his quæ tertiam naturam habent, non animalium, neque fruticum.* Et encores il passe bien outre au chap. 11. du 31. liure, où il parle de l'esponge en cette façon. *Animal esse docuimus, etiam cruore inhærente. Aliqui narrant & auditu regi eas, contrahique ad sonum, exprimentes abundantiam humoris, nec auelli petris posse, ideò abscindi ac saniem emittere.* Ils tiennent tous qu'elles viuent de limõ, & d'escargots, & autres petits poissons à cocquilles: & le coniecturent, parce que quand on les tire, elles en sont toutes pleines, & mesmement de morceaux de cocquilles brisées, comme les poissons y ayãt esté mangez. En quoy Pline a entierement suiuy Aristote en ce qu'il rapporte au 45. chap. du 11. liure en ces mots. *Nascuntur omnes in petris, alũtur conchis, pisce, limo. Intellectum inesse his apparet, quia vbi auulsorem sensere, multo difficilius abstrahuntur. Hoc idem fluctu pulsante faciunt. Viuere esca manifesto, concha minuta in his reperta ostendunt.* Toutefois il semble qu'il y auroit quelque apparence de penser plutost que ce soient les conches & autres petits poissons, qui se retirent ou creent dedans icelles, & estant là enserrez sans en pouuoir sortir, meurent auec le temps: puis y pourrissent, de sorte que l'on y trouue les cocquilles brisees menu: ou bien que telles brisures se rengent là dedans comme iettées à bord par les flots. Neantmoins l'authorité de tant de grands personnages qui en ont écrit, pourra faire croire ce qu'ils en asseurent.

DE LA DIVERSITE' DES EFFECTS D'VNE

même chose selon le changement des lieux ou Pays, & de quelques animaux particuliers à certaines regions, dont les venins sont merueilleux, & les remedes admirables.

Du Sel Marin.

LE Sel marin d'Italie est beaucoup plus blanc & plus délié que celuy de France: & est tellement corrosif qu'au lieu de conseruer la chair sans diminution comme fait le nostre, il la mange &

ronge si elle demeure longuement salée en iceluy. ou si c'est du poisson qui soit de son naturel humide, & ait la chair tendre & delicate, il le consomme tout si on le laisse trop longtemps en sa saumeure, ce que l'on fait expressement aux Enchois & Sardines que l'on laisse tous consommer: puis leur consumption parmy la saumeure sert de sauce d'apetit.

Cette grande corrosion prouient de la force du Soleil qui cuist & deseche puissammét l'écume de la mer Mediterranée, laquelle tire vers le Midy & s'étend iusques à l'Afrique, où le sel est encore plus picquant & corrosif, participant de sa grande chaleur: au contraire le Sel dont nous vsons, vient de la mer Oceane tirant vers le Septentrion, où le Soleil agist moins, & pour cette occasion n'est ainsi corrosif.

De la Goistre.

POur n'obmettre rien des choses étranges & extraordinaires que i'ay remarquées en mon voyage, ie parleray icy de la Goistre, laquelle est si commune

par

par toute la Sauoye qu'il y a peu de perſónes qui en ſoient exempts. La Goiſtre eſt vne tumeur groumeleuſe, & charnuë en forme de louppe ſous la gorge : laquelle vient aux vns groſſe cõme le poing, & aux autres plus enflée que la plus groſſe mammelle d'vne femme : Et leur eſt tellement peſante & empeſchante que pluſieurs (& principalement les villageois, à qui elle eſt plus ordinaire, & plus groſſe qu'aux autres) la portent bridée & ſouſtenuë d'vne ſeruiette en leur col : & meſmement l'hyuer, pour la garantir du froid, à quoy cette partie eſt fort ſuiete, à cauſe de ſon humidité : & lors elle deuient toute rougeaſtre, comme la gorge d'vn coq-d'Inde. Ce qui ne prouient que de la froideur des eaux du païs, & que la plus part de celles qu'ils boiuent eſté & hyuer eſt eau de neige fondue procedant des montaignes dont tout le païs eſt remply. De la aduient que tous les pauures tant hommes que femmes ſont ainſi goiſtrez, mais les riches qui boiuent du vin, ne le ſont aucunement, qui eſt choſe que Pline remarque n'arriuer ſeulemẽt qu'aux hommes & aux porceaux, comme j'ay

Qq

traitté plus amplement en son lieu, au recueil de mon voyage.

D'vne espece de Mouscherons qui volent sur le soir en multitude, & paroissent tous en feu.

EN plusieurs contrées d'Italie, principalement aux lieux plus meridionaux, on voit en Automne quand le soir est venu, vne infinité de moucherons, qui s'esleuent enuiron à Soleil couchant, lesquels quand la nuict est venuë paroissent tous en feu, ainsi que les vers-luysans que nous voyons en la mesme saison, & ne font que voleter par l'air & en multitude, comme par escadrons iusques vers la minuict, luisant tellement parmy l'obscurité, que tous les champs & jardins semblent remplis d'estincelles de feu: comme s'il y auoit dessous vn brasier que l'on remuast. En quoy seulement ils different des moucherons que nous voyons aussi en France s'esleuer sur le soir, & en plein jour se trouuent tous semblables, de couleur, de forme & de grosseur: sinon que le ventre est vn peu tirant sur le bleu blaffart: & en est la peau si delicate, si claire, voire transparente, que ie croirois plutost que ce fust le ventricule & petits boyaux qui paroissent à trauers, lesquels donnent cette lueur: car quant au corps (qui est de matiere plus solide) il ne rend aucune clairté: aussi voit-on qu'ils paroissent & disparoissent selon qu'ils se virent & tournent en voletant, & semblent autant de bluettes de feu qu'ils sont de moucherons.

Des Mouches appellées Sensales ou Cousins.

IL y a vne espece de petites mouches qui ne paroissent gueres que sur l'Automne, ou n'ont leur force que vers le temps de vendange: lesquelles sont ordinaires en France comme en Italie, & les appellons *Cousins*, & en Italien *Senzali*, ou *Cugini*: Elles ont fort peu de corps & petites ailes, mais sont hautes sur leurs pieds, & tirent de leur bouche vn long esguillon pointu: Elles volent plus la nuit que le iour, faisant vn petit bruit & murmure |: Lesquelles ont de particulier à Rome, & loing és enuirons, vers la Toscane, & la Campagne, qu'elles sentent ceux qui viennent d'vn autre air, entrent la nuict en leurs chambres par les fentes des huys, & fenestres: puis quand ils sont couchez, & que la chandelle est esteinte, elles commencent à les attaquer, & picquer par tout, principalement au visage: & entrent par tout dedans le lict, quoy que l'on les chasse. Et s'ils sont deux ou trois couchez ensemble, elles ne touchent point aux autres, ains seulement au nouueau venu. Si on r'allume la chandelle, elles sont aussi-tost retirées que la lueur paroist: sinon toutes, au moins la plus grande part: tellement qu'en vn instant on ne sçait qu'elles deuiennent: mais quand la lumiere est ostée, elles se font encores bien oüir & sentir peu apres, recommençant leur vie comme deuant. Elles ne s'arrestent point en vn lieu pour donner leur esguillon, ains ne font que volleter çà & là par l'air, tout au tour de celuy qu'elles marchandent à picquer, continuant tousiours leur petit murmure iusques à ce que d'vne secousse elles s'eslancent contre les personnes, & les picquent tout à coup d'vn esguillon fort subtil qu'elles tirent de leur bouche : & aussi tost prennent leur volée au loing : mais peu apres elles retournent encores pour recommencer de nouueau. Leur plus grande force ne dure que iusques vers la minuict, si ce n'est aux plus chaudes nuicts, car elles se retirent lors que la fraischeur de la matinée approche. Puis sur le iour ne paroissent aucunement, comme si elles craignoient la lumiere. De là aduient que ceux qui ont esté ainsi picquez, encores qu'ils n'ayent senty plus de mal que de la picqueure ordinaire des autres mouches, ou vn peu plus viue : & qu'il n'y demeure aucune marque pour quelque temps ; neantmoins deux ou trois iours apres, ils se trouuēt tous remplis de vessies, & les places esleuées : principalement au visage, qui en deuient si hideux, rouge, indé, enflé, & boutonné, que l'on est contraint de garder la chambre huit ou quinze iours, tant que cela soit desenflé & remis, combien qu'il ne fasse aucune douleur. On peut y vser de pommade, toutesfois cela s'en va de luy mesme, sans qu'il soit besoin d'aide, sinon pour auancer le temps de la guerison. Quant à ceux qui de plus long-temps resident sur les lieux, elles ne les cherchent, ny ne les offensent aucunement, ou bien rarement, & n'en sont pas tant incommodez comme les nouueaux arriuez.

Du Scorpion.

LES Scorpions ont quelque ressemblance de forme auec l'escreuisse, & ont pareille cocque, & couleur, mais ne sont si grands.

Ceux qui en ont escrit, comme Pline, Auicene & autres, disent qu'il y en a de neuf especes, & de plusieurs couleurs diuerses : mais tous ceux que j'ay veus estoient de couleur de fer roüillé, ou tannez, & les autres plus bruns que les escreuisses, & presque noirs. Ils se retirent aux lieux humides, comme sous les pierres qui sont contre terre, ainsi que les barbous: ou bien dedans les fentes des vieilles murailles, ainsi que les araignées, & principalement pres les puys & fontaines: &

d'Italie, &c.

aux lieux reclus, relents, & renciz. Ils paroissent seulement le soir à la fraischeur & la nuict, parce qu'ils craignent la chaleur, combien qu'ils ne viennent qu'en Esté & en Automne, & sortent principalement aux iours humides & pluuieux. On en trouue par tous les lieux de la maison, tant aux chambres qu'aux caues, mais plus au bas que par haut, & vont facilement contre vne muraille droite, & vnie. Ils se plaisent fort sur le blanc: de sorte que durant l'Esté ceux qui lisent ou escriuent le soir à la chandelle, en voyent souuent qui passent par sur leur papier: & moy-mesme en ay pris & tué, mais il faut vser de promptitude, dautant qu'ils trauersent soudainement ainsi qu'vne araignée. Ils ayment aussi fort, & sentent de loing le linge blanc: tant à cause de sa blancheur, comme de sa fraischeur. De sorte que quand il y a des draps blancs en vn lict, on regarde ordinairement le soir s'il s'est point retiré dedans quelque Scorpion. Et pour euiter leur piqueure de nuict, ceux qui les craignent font pendre leurs licts en l'air par quatre cordes attachées aux soliueaux: & ainsi les tiennent suspendus & esloignez d'vn pied de la muraille, afin que de tous costez ils ne puissent y arriuer. Ils sont fort ordinaires, & frequents en Italie, mais ils n'y sont si nuisans & venimeux qu'en autres regions plus chaudes, où ils font mourir la pluspart de ceux qui en sont picquez, & principalement les femmes & filles, comme rapporte Pline au vingt-cinquiesme ch. du XI. liure. Il n'y en a point en France, sinon vers la Prouence & le Languedoc: Pline au chap. susdit parlant des Scorpions d'Italie dit ainsi: *visuntur tamen aliquando in Italia, sed innocui, multisque aliis in locis*: ce qu'il pourroit tres bien sçauoir, veu qu'il estoit sur les lieux: mais ou il faut qu'il les die non nuisibles à comparaison de ceux dont il a fait mention auparauant, ou bien que depuis leur force & venin soient accreus pour les preuues que l'on voit souuent du contraire: Car la verité est que les Scorpions qui naissent du costé de l'Apenin, tirant vers le Septentrion sont peu de mal: mais ceux qui sont de delà l'Apenin plus tirant au Midy, comme en la Ligurie, Toscane, Campagno, Calabre, & autres lieux plus chauds:

d'Italie, &c.

chauds : ils ont leur picqueure bien dangereuse, causant de grandes douleurs, voire insupportables s'il n'y est promptement remedié. De sorte que i'en ay veu aucuns qui se sentant picquez la nuict crioyent, & se plaignoient grandement de la douleur qu'ils sentoient : dautant que incontinent la partie s'enfle, & y vient de petites taches au tour esleuées comme poireaux : puis elle deuient rouge, liuide, & en feu ; & le cuir fort tendu, ou si la picqueure est plus legere, & le venin moins dangereux, le patient ressent seulement vne sueur froide, & alentour de la playe & de tout le corps. Mais qui peut attraper le Scorpion, le tuer & le presser, & accraser sur la blessure, on en guarist presque aussi soudain que l'on a esté blessé : toutesfois il est mal-aisé de les auoir, car aussi-tost qu'ils ont picqué ils s'enfuyent. Et à ce deffaut, aux lieux où on y est plus subiect, on tient tousiours aux maisons de l'huile de Scorpion toute preste, de laquelle on frotte aussi-tost la partie quand tel accident arriue. Et pour cette occasion les Escolliers & autres qui sont

Rr

seuls en vne chambre, tiennent ordinairement près de leur lict vne petite bouteillée de cette huile pour s'en seruir promptement en cas qu'ils en ayent besoin, laquelle huile ils font eux-mesmes en cette sorte. Ils prennent vne petite bouteille de verre pleine d'huile d'oliue, dedans laquelle ils iettent sept ou huict Scorpions tous vifs, qui meurent là dedans & en mourant y iettent tout leur venin : puis les y laissent tousiours afin que l'huile ait plus de force: qui est le souuerain remede sans s'arrester à tant d'autres que les Medecins enseignent par leurs liures. La cause de la guerison prouient de ce que la quantité de venin qui est en l'huile, estant appliquée par dehors, attire à soy la moindre qui est au dedans. Ceux qui ont sept nœuds à la queuë sont beaucoup plus venimeux que ceux qui n'en ont que six. Toutesfois le Scorpion n'offense pas volontiers s'il n'est prouoqué: comme si par mégarde on appuye la main dessus : ou estant dedans le lict si on le presse en se tournant, lors il réueille viuement celuy qui dort; car il a tousiours son éguillon prest, lequel est au bout de la queuë : & selon l'opinion de Pline, il cherche mesmes les moyens d'offenser, & se tient aux aguets pour ce faire; ce qu'il dit en ces termes au chapitre susdict. *Semper cauda in ictu est: nulloque momento meditari cessat, ne quando desit occasioni.* Quand on les veut auoir pour s'en seruir à faire l'huile ainsi que dessus, il faut les prendre auec vn linge ou plusieurs doubles, ou auec de bons gants. Le moyen d'en recouurer promptement, c'est d'aller le soir à la chandelle autour d'vn puys, ou autre lieu humide où il y ait quelque vieille muraille pleine de fentes, & ouuertures : & là auec vn petit baston ou festu gratter & fourgoner doucement à l'entrée des lieux où ils se retirent, & lors ils s'aduancent sur le bord, puis sortent à demy de leurs trous pour voir que c'est : ainsi tirant le baston vn peu plus loin, ils s'en approchent dauantage & le suiuent dehors : puis on les fait tomber, & tout soudain on les prend, parce qu'ils fuyent assez viste, cherchant vn autre trou pour se cacher ainsi que nous voyons que font les grillons. Leur grande force est durant les chaleurs, mesmement aux iours Caniculaires : & se trouuent quelquesfois

Rr ij

à monceaux sous les grosses pierres qui sont contre terre, ainsi que ces petits animaux appellez Cloportes, ou Truyes, & en Latin *Millepeda* ou *Aselli* : & là dessous sont de petits vermisseaux iusques au nombre de.... qui sont comme des œufs, lesquels ils couuent ; puis ils deuiennent comme poux tant de grosseur que de couleur : & lors les meres les portent attachez soubs leur ventre, & à chacune cuisse vn. En quelques pays ils sont beaucoup plus grands, principalement en Scythie, où ils font mourir tout ce qu'ils picquent, soit homme ou beste, & mesmes les pourceaux qui sont exempts du danger de toutes autres bestes venimeuses. Ceux qui naissent au mont de Latmus en Carie, ont cela de particulier, qu'ils n'offensent point ceux du pays, mais font mourir les estrangers, ainsi que tesmoigne Aristote, & aussi Pline au dernier chapitre du IX. liure, où il dit : *Quædam animalia indigenis innoxia, aduenis interimunt.* Dequoy on peut bien aussi prendre creance par l'exemple de ce que i'ay cy-deuant remarqué des Sensales.

De la Tarentule.

LA Tarentule est beaucoup plus dangereuse que le Scorpion; & les effects de sa picqueure sont merueilleux. La cause qui les rend tels est presque inconneuë: & le seul remede que l'on a trouué pour la guarison est encores plus estrange & admirable: de sorte que la verité semble vne fable & est mal-aisée à croire, sinon à qui en a veu l'experience; comme il est aisé à ceux qui passent l'Esté aux lieux où elle se trouue, & se rendent curieux de s'enquerir aux Hospitaux quand il y en a de picquez. Elle est plus ordinaire en l'Apoüille qu'en nul autre lieu; principalement vers la ville de Tarente d'où elle a pris son nom, parce que tout l'Esté il y en a vne infinité par les champs. Neantmoins il s'en trouue aussi vers Naples & aux enuirons de Rome, mesmement pres la mer, & en la Toscane: non toutesfois en si grand nombre, comme en l'Apoüille, ny qu'elles ayent leurs picqueures si viues. Ceux qui en ont escrit l'ont mise soubs les especes d'araignées appellées Phalanges dont y en a de plusieurs sortes que Pline a defcrits fur la fin du IIII. chap. du XXIX. liure, lefquels toutesfois il dit ne fe trouuer point en Italie: Neantmoins la defcription qu'il en fait au XXIIII. chap. du XI. liure, où il parle des araignées, femble fe deuoir entendre, & fe rapporter à la *Tarentule* qui fe voit és lieux fufdits. Car parlant en general des araignes, il fait vne diftinction de celles qui picquent, lefquelles il dit eftre nommées Phalanges, vfant de ces mots *Phalangia ex his appellantur, quorum noxij morfus, corpus exiguum, varium, acuminatum, affultim ingredientium. Altera eorum fpecies nigri, prioribus cruribus longiſſimis. Omnibus internodia terna in cruribus.* La *Tarentule* eft donc vne efpece de Phalange, foit que Pline ait entendu en parler, ou qu'elle luy ait efté inconneuë : comme il eft vray femblable, car il n'euft obmis à remarquer les accidens diuers & admirables qui arriuent de leur picqueure, dont ie ne voy auffi qu'aucun ancien ait fait mention, combien que ce foit auiourd'huy vne chofe affez notoire à ceux qui ont fait fejour en Italie, & qui fe font rendus curieux d'en voir l'experience.

d'Italie, &c.

Ceux qui en ont escrit sont Alexander ab Alexandro en son liure des iours Geniaux: Matthiole en son Commentaire sur Dioscoride an LVII. chap. du second liure : & Pierre Gelie Autheur moderne. Les *Tarentules* sont par les champs & non és villes, & viuét parmy les bleds dedans des trous en terre, & sortant de iour picquent souuent des moissonneurs qui ont les iambes nuës, dont il s'en voit aux Hospitaux qui en sont bien malades & tourmentez. Leur picqueure est si venimeuse que quiconque en est attaint, il perd le sentiment, & en meurt s'il n'est bien-tost secouru. Les effets de cette picqueure sont diuers : Les vns chantent toûjours, & les autres crient incessamment, les vns pleurent & les autres rient, les vns dorment toussiours, les autres ne peuuét aucunemét dormir. Les vns ont mal de cœur, & vomissent, les autres ne se sentét presque pas. Les vns suent, & les autres tremblent. Les vns sont tous appesantis & abbatus, & les autres ne demandent qu'à sauter & danser. Aucuns sont en continuelle frayeur, les autres ont des passions diuerses, comme phrenesies, rages, & furies. Les vns crient de douleur, & les au-

tres demeurent pasmez comme insensibles. De sorte que tant de contrarietez prouenantes d'vn mesme effet sont émerueillables. Cette diuersité & contrarieté procede de deux causes: l'vne de la diuerse qualité du venin des animaux: l'autre de la diuerse temperature & humeur des hommes qui en sont picquez : car on tient que les melancoliques en sont beaucoup plus tourmentez que les autres : & se changent d'heure à autre, les effets de leurs passions diuerses. Dioscoride en son VI. liure, chapitre XLII. a parlé des Phalanges & de leur morsure, & des effets qui s'en ensuiuent, mais seulement en general sans particulariser ny faire distinctiō des especes: & par la description qu'il en fait, il semble que la Tarentule ne luy ait point esté connuë, combien qu'il allegue quelques accidens fort approchans de ses effets. Car il dit que quand la morsure est refroidie par l'application des contraires, qu'il s'ensuit vn tremblement de tout le corps, auec distensions des iarrets & des aynes semblables aux cōvulsions, & decoule vne sueur froide de tout le corps : & que les yeux pleurent, & deuiennent offusquez comme de nuée
troubles

troublés. Aristote au IX. liure de l'Histoire des animaux, chap. XXXIX. a traitté des especes de Phalanges, & semble aussi n'auoir conneu celuy que nous appellons auiourd'huy *Tarentule* : ny pareillement Nicander qui a fort particulierement traitté de la diuersité des especes. Mais Ætius au XVIII. chap. du XIII. liure, semble en approcher dauantage que les autres, quād il descrit les accidens qui ensuiuent des picqueures de Phalanges, lesquelles il fait differentes seulement en ce que les vnes sont plus grādes & plus griefues, & les autres plus petites & plus douces. Et quant aux effets, il dit que la picqueure paroist si peu qu'à peine la peut-on voir: toutesfois que l'enflure est liuide, & en aucuns rouge : que les blessez sentent froid à l'entour des genoux, des reins, des espaules, & aucunesfois que tout le corps en est affoibly: & auec ce qu'ils sont en continuelle douleur, qu'ils tremblent, qu'ils pallissent & ne peuuent dormir: & aucunes fois sentent vne grande demāgeaison au gras des iambes : qu'ils ont les yeux humides, & pleurans, fort enfoncez, & le ventre inégalement enflé. Tout le corps aussi enfle, & pa-

S ſ

reillement le visage, principalement dedās la bouche tout au tour de la langue, tellement qu'ils en begayent. Leurs vrines sont aqueuses, & y a parmy quelque matiere qui est comme toiles d'araignées, & ont vn vomissement semblable: & quand ils sont en vn bain d'eau chaude, ils se sentent allegez: mais en estant sortis leurs douleurs recommencent: Qui sont en general les signes qui suruiennent apres les picqueures de tous les Phalanges, dont le nom est pris du Grec, qui est φαλάγκιον, appellé au Latin *Phalangium*. Or pour reuenir en particulier de nostre proposition, qui est de parler de la *Tarentule* & de ses effets: ie diray qu'ils surpassent tout ce que dessus; & sont veritablement tres-esmerueillables, estant le venin d'vne si petite beste tellement subtil, & la picqueure si delicate, qu'à peine la pourroit-on voir sans ce qu'il s'ensuit vne enfleure rouge ou liuide, & neantmoins les effets en sont si grands, si violents, si diuers, & contraires. Mais le remede que l'on y a trouué est encores plus admirable: n'y ayant autre moyen de guarison que la Musique, laquelle a la force d'adoucir ce venin: & de fait aussi-tost que ceux qui ont esté picquez oyent les instrumēns, soit violes, luts, flustes, orgues, espinettes, ou autres; on les void tout soudain changer de visage, de contenance, de façon, & d'humeur: comme ressentant allegement par la melodie des accords qui rauit & remet les esprits: & comme perdant le sentiment de leur mal, commencent à sauter & danser ainsi que s'ils estoient sains, & ne sentissent aucune douleur. En laquelle furie & force de baller, ils continuent iusques à ce que ce venin soit du tout dissipé. Car quād les Menestriers cessent de sonner, les patiens tombent aussi-tost par terre, & rentrent en leurs premieres douleurs, comme insensez, & hors de soy. Et si-tost que l'on reuient à sonner des instrumens, on les voit tout soudain se releuer, recommençant à sauter, & danser comme deuant: Et pource on prend diuers sonneurs d'instrumens, afin que les vns estant las de sonner, les autres recommencent sans aucune pause ny intermission, iusques à ce qu'ils ayent tant sauté & dansé, que par l'exercice & continuelle agitation, la force & puissance du venin soit toute consommée & sortie auec les sueurs: & entierement éuaporée par les pores de la peau : qui est le seul remede de guarir ceux qui sont ainsi navrez. Toutesfois pendant que cela se fait, on leur baille aussi des contrepoisons, comme Theriaque, Mithridat, & autres contraires aux venins, qui neantmoins seroient inutiles sans la Musique, laquelle seule les peut bien guarir. Et par là nous pouuons iuger que ce venin cause vne dissipation d'esprits, lesquels puis apres se r'assemblent par la Musique & harmonie des accords. Theophraste & Aulugelle ont bien voulu faire croire que la Musique a cette vertu de pouuoir appaiser la Sciatique, & la goutte, à quoy il y a moins d'apparence; mais bien y a-il plus grande raison à ce que dit Asclepiades, que le chanter, & sonner doucement de Musique aydēt beaucoup aux phrenetiques. Et Bodin en sa Demonomanie, adiouste que que pour guarir les insensez, il se faut garder de les faire danser de mouuemens vehemens; au contraire, dit qu'ils ont besoin d'vne cadence posée, auec Musique pesante. En cette guarison admirable on remarque encores deux choses estranges & fort considerables : sçauoir que non seulement l'harmonie des accords a cette force, de r'assembler les esprits dissipez: mais aussi on reconnoist quelques tons plus propres les vns que les autres, pour alleger le mal du patient: de sorte que iouant vne mesme chanson sur diuers tons, on voit les esprits s'éueiller & émouuoir dauantage pour l'vn que pour l'autre: aux vns la clef de bequarre a plus de force: aux autres le bemol qui est plus doux : & à cette occasion on continuë tant qu'il est possible de iouer sur le ton que l'on a obserué auoir plus de force & puissance sur les esprits du patient. L'autre remarque est, qn'en vn mesme ton il y a quelque son & accord qui a encores plus grande vertu que les autres: car à toutes les fois que l'on vient tomber sur ce son, on veut qu'il donne comme vne pointe plus viue aux esprits de ceux que l'on tasche de guarir : ainsi que s'il auoit quelque symbolization & correspondance auec ce venin : ou plus-tost quelque contraire vertu pour le combattre & ietter hors. Aussi est-il certain, & le ressentons tous en nous mesmes, quand on commence à sonner des instrumens, que cette harmonie a telle force sur nous, que tout à coup elle réueille, émeut, & transporte nos esprits, & au contraire, si nous auons quelque grand ennuy & que l'on vienne à sonner des violons, nous ressentons tout à l'instant en nous mesmes vne antipathie qui offense autant nos esprits, comme ils pourroient receuoir de plaisir & contentement si telle Musique arriuoit lors qu'ils seroyent en contraire humeur plus disposée à la receuoir. Et mesme sans nous arrester aux extremitez, nous voyons que les personnes d'humeur gaye se plaisent principalemēt d'ouïr vn air gaillard, éueillé, & hautain : au contraire, les melancoliques ayment vne Musique profonde, graue, & pesante : Qui fait que l'on ne se doit si fort estonner des effets de la guarison que l'on a trouuée contre le venin de la *Tarentule*, considerant la force qui est en la sympathie. C'est aussi pourquoy vne sorte de Musique est profitable à l'vn, & que l'autre la veut diuerse pour sa guarison. Et de toutes les choses qui sont au monde il n'y en a point dont nos esprits soient plus épris & dont ils se repaissent dauantage, que de la Musique, mesme que les oyseaux & bestes plus farouches y sont attirez, & s'y arrestent, voire s'y rendent attentifs : & montrent par là que leurs sens en sont rauis.

Aussi lisons nous en l'Ecriture Sainte que Dauid par la Musique de sa Harpe ostoit à Saul la passion que le mauuais esprit luy donnoit pour la grande sympathie, amitié, & correspondance que les esprits ont auec la douceur des accords, & harmonie de la Musique.

Du Lezard appellé Tarentola & du Stellion.

IL y a aussi vne espece de petits Lezards qui se trouue en la Toscane, & és enuirons de Rome, en Calabre, & en l'Apoüille qui picquent l'homme & le font mourir dans deux ou trois iours s'il n'est tost secouru, qui sont les *Stellions* : dont il m'en fut monstré à Terracina, à Fundi, & à Mola sur le chemin de Rome à Naples. Et d'autant que le Lezard est nommé en Italien *Tarentola* par ceux du pays, & que sa morsure est dangereuse, aucuns se sont trompez pensant que ce fut la Tarentule dont i'ay cy-deuant parlé. Ces Lezards sont donc *Stellions*, lesquels se retirent soubs terre & dedans les trous des rochers pres a mer, & sont marquetez sur le dos de taches menuës & luisantes, en façon de petites estoiles: ayant encores en soy toutes les autres choses dont les anciens & modernes qui en ont escrit, ont designé les Stellions tant pour la forme que le naturel, & chassent ordinairemeut aux araignes, qui est l'vne des remarques que Pline leur donne au XXVII. chapitre du XI. liure, disant *Chamæleonum stelliones quodammodo naturam habent, rore tantum viuentes præterque araneis.* Aristote dit aussi le semblable au premier chap. du IX. liure de l'histoire des animaux; & au XXIX. chap. du VIII. liure, il adiouste qu'en certain lieu d'Italie les hommes meurēt de la morsure du Stellion: contre laquelle on vse de pareille huile que i'ay dit parlant du Scorpion, ainsi que Pline l'enseigne au IIII. chap. du XXIX. liure, en ces termes *Scorpionibus contrarius maxime inuicem Stellio traditur, vt visu quoque pauorem ijs afferat, & torporem frigidi sudoris. Itaque in oleo putrefaciunt eum & ita e a vulnera perungunt,* & au liure XI. chap. XXV. parlant des Scorpions, il dit *Magnam aduersitatem oleo mersis, & stellionibus putant esse.*

Du Cheual

Du Cheual Marin appellé Caualotto.

EN la mer Mediterranée se trouue vn fort petit poisson, que neantmoins on met au nombre des monstres de mer, & est appellé d'aucuns *le petit Dragon* lequel n'est bon à manger. On en void grande quantité à Venise & prés Moran, où il est appellé *Caualotto* : aux autres lieux *Hippocampo* qui vient de son nom Grec ἱππόκαμπος que les Latins ont aussi pris, & en François nous le nommons *Cheual Marin* & en quelques lieux, comme à Marseille & en Languedoc *Cheualot*, à cause de ce qu'il a de ressemblance auec le cheual. Il se peut aisément conseruer tout entier & sans changement, estant bien seiché au Soleil : & par ce moyen i'en garde quelques-vns par curiosité. *Le cheual Marin* a le col & la teste assez semblable au Cheual, sinon qu'il a vn bec long, & creux comme vne fluste, & les yeux ronds. Il y a masles & femelles. Le masle a des sourcils comme petites pointes qui finissent en poils : mais tout le front est sans poil : le dessus de la teste cheuelu, & aussi le dessus du col en forme de crains. La femelle a seulement du poil au dessus de la teste : mais ces poils ne paroissent qu'en ceux qui sont vifs : & leur tombent incontinent apres qu'ils sont morts. Ce poisson n'a qu'vne aile sur le dos qui luy sert à nager : & a le ventre vn peu enflé, & blanchastre, mais la femelle est plus ventruë : le masle a soubs le ventre vne petite fente par laquelle sortent les excremens. La femelle outre cela en a encores vn autre pour faire ses œufs. La queuë est vn peu quarrée, noüeuse & repliée haut ou bas ainsi qu'vn crochet. Tout le corps est composé de cercles cartilagineux, & semé d'aiguillons, dont y en a deux rangs tous droicts depuis la teste iusques à la queuë, & le col entourné de mesme. Ceux qui en ont escrit donnent quelques vertus à cét animal, & entre autres disent que ceux qui sont mordus de chiens enragez, s'ils mangent de ces Caualots rostis (les ayant éuentrez premierement) appliquant sur leur morsure d'autres Caualots broyez auec miel & vinaigre, que par ce moyen ils guarissent entierement. Mais le commun dire est que le ventre cuit en vin est dangereux: parce qu'il donne premierement le hoquet bien fort, puis vne toux seiche sans pouuoir cracher, dont les humeurs chaudes montent à la teste, puis s'escoulent par le nez, & sentent le poisson de marée, dont la personne est en danger de mort, ou de deuenir perclus, & ceux qui en eschappent demeurent insensez, & sont desireux de voir & toucher l'eau, dont le murmure de celle qui coule soulage leur mal & les endort. Qui sont effets tous contraires à la morsure du chien enragé, qu'à cette occasion on a appellée ὑδροφοβία. Et nonobstant qu'ils desirent voir l'eau, ils ne veulent point boire.

De la Manne.

APrés auoir cy-deuant parlé de diuers animaux de l'Apoüille & Calabre, venimeux, & dangereux aux hômes: maintenant pour la fin ie cotteray vn bien & recompense que Dieu a donnée au mesme Païs par la gracieuseté de l'air, & bonne temperature de la region: dont prouient vne douceur singuliere, amie de l'homme,

T t ij

& grandement profitable à sa santé: qui est la Mane, qui se recueille en quantité & tres-excellente par toute la Calabre & l'Apouille.

Cette Mane est vne certaine rosée & liqueur douce & suaue qui de nuict tombe de l'air comme enuoyée du Ciel, sur les branches & fueilles des arbres, sur les herbes, sur les pierres, & quelques fois sur la terre, laquelle en peu de temps se congele & reduit par petits grains comme gresil qui tombe du Ciel, ou comme la menuë gomme.

Il en vient pareillement en Leuant aussi bien qu'en l'Apouille & Calabre: mais souuent celle que l'on apporte est sophistiquée, & meslée de sucre.

La Manne de Calabre est la plus estimée, principalemēt celle que l'on recueille sur les fueilles, laquelle est toute par petits grains, claire, & pesante, dont les grains ressemblent au mastic, & est fort blanche, douce, & suaue, & de goust presque tout pareil au sucre. La seconde en bonté est celle qui tombe sur les branches. La troisiéme sur les pierres & sur la terre, ayant les grains plus gros & moins blancs.

Quand elle est fraische tôbée elle ressemble presque aux gouttes d'vn Iulep bien cuit. Qui veut en auoir la doit recueillir bien matin auant le Soleil leué: car s'il luit dessus & l'échauffe, elle se dissout aussi tost, puis s'éuapore & éuanouit entierement tout ainsi que la rosée.

Quand il y a vn iour fort chaud, fort sec, & sans vent, que les latins appellent en vn mot *sudum*, & que la nuict suiuante est fort froide, c'est lors qu'il se trouue grande quantité de Manne : laquelle a esté assez conneuë aux anciens, qui l'ont appellée Miel. Pline au 11. liure Chapitre 12. dit que ce miel vient de l'air au leuer de certaines estoilles, specialement quand la Canicule paroist, mais non premier que la possiniere se leue auât iour : d'où vient que le matin on en trouue toutes les fueilles chargées, mesmes que ceux qui sortent bien matin à l'air, sentent au toucher leurs vestemens moites, & oincts de cette liqueur : & leur barbe demy gluante : puis il adiouste, *Siue ille est cœli sudor, siue quædam siderum saliua, siue purgantis se aëris succus*, &c. Il s'en recueille en quantité sur les fueilles de figuier & de fresne, parce qu'elles sont mordantes, & retiennent facilement cette liqueur: laquelle plus aisement découle des autres fueilles d'arbre qui sont plus vnées, vnies, & coulantes. Et pour ce faire on prend vne plume ou aisle d'oyseau que l'on passe doucement sur la fueille pour en recueillir la Manne: dont les Calabrois tirent beaucoup de profit, parce qu'elle se transporte aux païs étranges, se garde plusieurs années, & sert grandement aux medicamens; estant tellement amye de nature qu'elle communique sa vertu si gratieusement, que ceux qui en ont pris s'en sentent fort allegez, & fortifiez, sans aucune émotion, sinon qu'elle lasche le ventre mais fort lentement & debilement. Et à cette occasion on en baille mesmes aux femmes enceintes & aux petits enfans: & est aussi fort singuliere pour les gens d'âge. Mais estant meslée elle augmente la force des autres ingrediens, & estant prise seule elle laisse vne bonne bouche à la fin.

FIN.

EXTRAICT DV
Priuilege du Roy.

PAr Grace & Priuilége du Roy donné à Paris le dixseptiéme Decemb. 1655. Signé par le Roy en son Conseil BOVCHAR. Il est permis à Geruais Clouzier Marchand Libraire de Paris, d'imprimer, vendre & distribuer deux Liures, l'vn intitulé *Le Voyage d'Italie*, Composé par PIERRE DV VAL Geographe Ordinaire du Roy: l'autre, *Les Obseruations de plusieurs choses diuerses qui se trouuent en Italie*, composé par le sieur AVDEBER Conseiller du Roy au Parlement de Bretagne, durant le temps de neuf ans, à compter du iour que ledit Liure sera acheué d'imprimer; & deffenses sont faites à tous Imprimeurs, Libraires & autres personnes de quelque qualité & condition qu'elles soient, d'imprimer, faire imprimer, vendre, distribuer, ny extraire aucunes choses desdits Liures, sans le consentement dudit Clouzier, sur peine de confiscation des Exemplaires contraifaits au preiudice des presentes, & de trois mille liures

d'amende, & en tous despens, dommages
& interests, ainsi qu'il est plus amplement
porté par l'Original.

Regiſtré ſur le Liure de la Communauté
le 23. Decembre 1655. Signé Ballard
Sindic.

Acheué d'imprimer pour la premiere
fois le dernier iour de Ianuier 1656.

Les Exemplaires ont esté fournis.

www.ingramcontent.com/pod-product-compliance
Lightning Source LLC
Chambersburg PA
CBHW072006150426
43194CB00008B/1011